Gulliver Taschenbuch 835

W0048271

Heike Brandt, geboren 1947, wuchs in Berlin auf. Nach einem Pädagogik-Studium und mehrjähriger Mitarbeit in einer Obdachlosensiedlung war sie in einem von ihr mitgegründeten Kinderbuchladen-Kollektiv tätig. Seit 1986 ist sie freischaffende Übersetzerin und Autorin und wurde vielfach ausgezeichnet. Im Programm Beltz & Gelberg erschienen zahlreiche Übersetzungen von Heike Brandt, die Jugendromane *Katzensprünge* und *Wie ein Vogel im Käfig* sowie die vorliegende Biographie.

Heike Brandt

»Die Menschenrechte haben kein Geschlecht«

Die Lebensgeschichte
der Hedwig Dohm

BELTZ
& Gelberg

»Die Menschenrechte haben kein Geschlecht« stand auf der
Auswahlliste zum Deutschen Jugendliteraturpreis.

Editorische Notiz
»Die Menschenrechte haben kein Geschlecht« erschien erstmals
1989. Für diese Ausgabe wurde der Text neu durchgesehen.

Gulliver Taschenbuch 835
© 1989, 2000 Beltz Verlag, Weinheim und Basel
Programm Beltz & Gelberg, Weinheim
Alle Rechte vorbehalten
Einband von Doro Göbel
Neue Rechtschreibung
Gesamtherstellung Druckhaus Beltz, 69494 Hemsbach
Printed in Germany
ISBN 3 407 78835 5
1 2 3 4 5   04 03 02 01 00

Inhalt

wenn sie große Erfolge erringt? Wird sie nicht zweifeln,
ob das Kind dem Kampf gewachsen ist?«

Träumen

»Der Mensch schaut in seiner Kindheit
nicht in sich, sondern um sich.«
Hedwig Dohm,
Die Spanische Nationalliteratur, 1867

Marianne Adelaide Hedwig wird am 20. September 1831 in Berlin geboren – als uneheliches Kind der Henriette Wilhelmine Jülich. Der Tabaksfabrikant Gustav Adolph Schlesinger hat sich schriftlich der Vaterschaft bekannt. Hedwig ist bereits das vierte Kind ihrer Eltern, die erst nach der Geburt ihres zehnten Kindes im Jahre 1838 heiraten, wobei Gustav Adolph Schlesinger ausdrücklich die vor der Ehe geborenen Kinder als seine eigenen anerkennt.

Hedwigs Mutter entstammt einer armen Familie, ist selbst als uneheliches Kind 1809 in Berlin geboren. Über ihren Vater ist nur bekannt, dass er ein Franzose gewesen sein soll. »Vielleicht ist es nicht gleichgültig, dass ich drei Rassen entstamme«, schreibt Hedwig Dohm. »Mein Großvater mütterlicherseits war Franzose, meine Mutter Germanin, mein Vater semitischer Abstammung.«[1]

Die Großeltern väterlicherseits sind Juden aus Frankfurt. Ihr Sohn und Hedwigs Vater, Echanan Cohen Schlesinger, lässt sich 1817 in Berlin auf den Namen Gustav Adolph Schlesinger evangelisch taufen – wie so viele Juden zu der Zeit, kurz nachdem ihnen Preußen mit dem Gesetz zur bürgerlichen Gleichstellung der Juden erstmals die vollen Bürgerrechte zugestanden hat. Um seine Assimilierung in die christliche Gesellschaft endgültig festzuhalten, ändert er im Jahre 1851 seinen jüdisch klingenden Namen Schlesinger in Schleh. Das betrifft natürlich seine ganze Familie, sodass Hedwig Dohm letztlich eine geborene Schleh ist.

Die Zeit von Hedwig Dohms Kindheit und Jugend – die dreißiger und vierziger Jahre des 19. Jahrhunderts, die sie selber »eine sachte, zahme Zeit« nennt, »eine Zeit ohne Jugend, ohne Rausch. Eine Zeit wie für alte Leute« – zeichnet sich durch zwei Merkmale aus: Einerseits ist es die Zeit des Vormärz, in der sich die Revolution von 1848 zusammenbraut. In den Salons der Intellektuellen und Künstler werden die Freiheitsgedanken der Französischen Revolution neu gedacht; Frauen wie Fanny Lewald, Louise Otto-Peters, Mathilde Franziska Anneke oder Louise Aston begehren gegen die ihnen zugewiesene Rolle als Frau auf. Die technische Entwicklung zur Industriegesellschaft – zum Beispiel die Eisenbahn – setzt sich durch, das Industrieproletariat entsteht, die geistigen und organisatorischen Grundlagen der sozialistischen Arbeiterbewegung werden entwickelt. Andererseits ist es tatsächlich eine stille Zeit, die Zeit des Biedermeiers, der Häuslichkeit, der bürgerlichen Behaglichkeit, die Zeit der Ruhe vor dem großen Sturm. Noch gibt es weder Autos noch Omnibusse, kein Telefon. Abgesehen von den übel riechenden Rinnsteinen sind keinerlei Abwasserleitungen angelegt, das Trink- und Waschwasser muss in Kübeln vom Hof in die Wohnungen geschleppt werden. Öllampen erleuchten abends die Stuben. Erleichterungen wie Gas und Elektrizität für die Haushalte liegen noch in weiter Ferne.

Die Stadt ist von Mauern umgeben. Hinter dem Potsdamer Tor ist Berlin zu Ende. Am Tor werden alle Leute, die von draußen kommen, kontrolliert. Mehl und Fleisch beispielsweise müssen bei der Einfuhr verzollt werden. Vor der Stadt liegen die beliebten Gartenlokale, wo den Ausflüglern saure Milch, dick bestreut mit geriebenem Brot und viel Zucker, gereicht wird. Wohlhabendere Familien können sich Sommerwohnungen in der ländlichen Umgebung Berlins, in Schöneberg oder Charlottenburg, leisten, um der besonders im Sommer stinkenden Stadt zu entfliehen.

Auch Hedwigs Familie bezieht drei Sommer hintereinander eine Wohnung außerhalb, im späteren Tiergartenviertel. Von dort müssen die Kinder den weiten Weg zur Schule in der Kochstraße laufen – vormittags und nachmittags. »Man war damals nicht sentimental mit den Kindern. Vielleicht waren die Strapazen auch für uns Mädchen ganz zuträglich; andere Gelegenheiten für körperliche Exerzitien boten sich uns nicht. Die Knaben schwammen, die Mädchen nicht. Die

Knaben ruderten, die Mädchen nicht.« Diese lapidaren und doch so bitteren kurzen Sätze deuten schon an, worunter Hedwig im Grunde ihr ganzes Leben lang leidet: wegen ihrer weiblichen Geburt in eine bestimmte Schablone gepresst zu werden, ganz ungeachtet ihrer eigenen Persönlichkeit. Der Grundstein dafür wird schon in ihrer Kindheit und Jugend gelegt. Vielleicht hat Hedwig Dohm deshalb von sich selbst aus dieser Zeit so viel preisgegeben, während aus den Jahren ihres Erwachsenenlebens wenig Privates bekannt ist – was es recht schwierig macht, ihren Lebensweg nachzuzeichnen.

Zu den wenigen Quellen, die einen Einblick in Hedwig Dohms Privatleben erlauben, gehören ihre *Kindheitserinnerungen einer alten Berlinerin*, die sie als alte Frau in einem Sammelband veröffentlichte. Ihr Roman *Schicksale einer Seele*, die Lebensgeschichte einer dreiunddreißigjährigen Frau, die sich von Mann und Kind getrennt hat und einen Ausweg aus den Zwängen ihrer Rolle sucht, soll weitgehend autobiographisch sein. Ein »Bekenntnisbuch« – so jedenfalls berichtet Adele Schreiber, die erste Biographin Hedwig Dohms. In der ersten Hälfte des Buches sei »die eigene, sonnenarme Jugend der Verfasserin, wie sie mir selbst sagte, vollständig getreu erzählt«[2]. Einige Äußerlichkeiten ihrer Kindheit sind im Roman verfremdet. Hedwig Dohm erwähnt die uneheliche Geburt nicht, macht ihre »Heldin« zwei Jahre jünger als sie selbst (was möglicherweise zu der sich über lange Zeit hartnäckig gehaltenen irrigen Annahme, Hedwig Dohm sei 1833 geboren, geführt haben mag). Als dritte Quelle für Hedwig Dohms Jugend gibt es die Erinnerungen ihrer Enkelin Hedda Korsch, der die Großmutter häufig aus der freudlosen Zeit in ihrem Elternhaus erzählt hat.

Hedwig Dohm wächst inmitten einer riesigen Kinderschar auf. Beinahe Jahr für Jahr gebiert ihre Mutter ein Kind – einmal sogar Zwillinge. Insgesamt sind es achtzehn, zwei allerdings sterben schon sehr früh. Hedwig ist das vierte Kind, das erste Mädchen. Die Mutter kann die Tochter nicht stillen, sie wird daher einer Amme übergeben. Dies mag ein Grund für das schlechte Verhältnis zwischen Hedwig und ihrer Mutter gewesen sein, denn als Säugling hängt sie natürlich eher der Amme an als der Mutter, was die Mutter für eine »frühzeitige Charaktertücke« hält. Mutter und Tochter sind sich fremd, bleiben es ihr Leben lang. Die Mutter ist ein lauter, durchsetzungsfähiger Mensch, der mit viel Kraft und Schwung dem riesigen Haushalt vorsteht, wozu nicht nur Mann und Kinder, sondern auch Dienstboten wie Kinderfrau und Köchin gehören. »Meine Mutter, rasch, resolut, aufbrausend, herrschsüchtig. Eine robuste Frau mit wunderschönen weißen Händen. Sie war der Herr im Hause. Eine erstklassige Hausfrau von stupender Leistungsfähigkeit. Ich, still, versonnen, furchtsam, schüchtern. Ich fürchtete mich vor meiner Mutter, vor ihren Gewaltsamkeiten. Herzhaft und mit gutem Gewissen wurde damals geprügelt. Die Kindermädchen knufften mit. Prügel und Erziehung waren beinah identisch.«

Wie fern sich Mutter und Tochter sind, zeigt folgende Episode: »Ich war schon ein großes Mädchen und hatte noch niemals zu meiner Mutter ›Mama‹ gesagt. (Mutter, Mutti oder Muttchen zu sagen, war nicht üblich.) Einem sehr verständigen Kindermädchen, das mich lieb hatte, war es aufgefallen. Das gute Mädchen redte mir so lange, so eindringlich ins Gewissen, bis ich ihr versprach, die Frau, die mich nicht liebte, Mama zu nennen. Unter wildem Herzklopfen vollbrachte ich die kühne Tat. Was würde geschehen? Das Wunderbare: Mama würde mich an ihr Herz reißen und mich küssen, immerzu küssen. Nichts geschah, Mama hatte es niemals gemerkt, dass ich den teuren Namen nicht aussprach, und sie bemerkte es auch jetzt nicht, dass ich es zum ersten Male tat.«

Und doch muss diese Mutter Vorbild für Hedwig sein. Denn auf deren Rolle als Hausfrau soll auch sie durch ihre Erziehung vorbereitet werden. Den Brüdern werden alle Freiheiten gelassen, sie toben draußen herum, keilen sich, scheren sich kaum um die Schule, sind wild und grob: »Mir war dieser Teil der Schöpfung durchaus unsympathisch.« Die Mädchen hingegen haben hübsch brav und still zu sein, sittsam sitzen sie bei Handarbeiten – vom Sticken bis zum Stopfen – allabendlich um den runden Familientisch, »die Finger fleißig rührend«.

Das ist die Welt der Frau, die Hedwig bevorsteht: der kleine, überschaubare Familienkreis, ein Leben in fest gefügtem Rahmen. »So heute wie gestern, so morgen wie heute. Alles schien niet- und nagelfest. Ein förmlich auswendig gelerntes Menschentum. Weltanschauungen, Meinungen, Lebenseinrichtungen waren fix und fertig zu beziehen. Das Naturgesetz vom Fließen aller Dinge schien aufgehoben. Ein sachtes Sickern war's.«

So ist auch die Einrichtung der Wohnung: schlicht, praktisch, miefig – jede Ritze des Fensterrahmens wird sorgfältig verstopft, damit ja keine Luft eindringt –, kein Schmuck oder Tand. »Von Hygiene und Ästhetik oder gar von Kunst im Leben des Kindes spürtest du keinen Hauch.« Die Kleidung von »schlichter Geschmacklosigkeit«: spitz zulaufende Schneppentaillen, steife Schnürbrüste mit Metallstangen, lange Ärmel, weite Röcke. »Wespentaille war Trumpf. Welchen Mägdleins Leibesmitte sich mit zehn Fingern umspannen ließ, das hatte den Rekord geschlagen. Wie viele Frauen mögen den Frevel dieser Einschnürungen mit späteren Leiden gebüßt haben.«

Ähnlich schematisch die Frisuren: »glatt über die Ohren gestrichene Scheitel« oder »Haarmassen nach hinten stramm über den Kopf gezogen, am Hinterkopf in einer festen Flechte verknotet. Ältere Damen gestatteten sich auch wohl ein abgezirkeltes, wie auf Draht gezogenes Lockenarrangement, im Volksmund Pfropfenzieher genannt.« Die Betonung der Altersstufen in Frisur oder Tracht ist denn auch der einzige äußerliche Unterschied zwischen Müttern und Töchtern. »Das Alter wurde gewissermaßen den Frauen auf den Leib geschrieben.« Fast bis zu Hedwigs Heirat Anfang der fünfziger Jahre hat sich die Sitte gehalten, die verheiratete Frauen, auch die jüngsten, zum Tragen von Hauben verpflichtet: Sie sind »unter die Haube gekommen«.

Dem Haushalt vorstehen heißt auch die große Wäsche organisieren, alle vier Wochen zum gründlichen Hausputz blasen – Hedwig erinnert sich an Gezänk und Gepolter, schreiende kleine Kinder und viel Lärm. Alles ist hausbacken, nüchtern, tüchtig. Genau wie die Ernährung dieser vielköpfigen Familie – satt sollen alle werden, wie, das ist nicht so wichtig. Die Kinder müssen essen, was auf den Tisch kommt, und das kann man sich jeden Tag im Voraus ausrechnen, denn die Gerichte wiederholen sich jeweils mit unerbittlicher Regelmäßigkeit. Donnerstags zum Beispiel gibt es immer Erbsen und Pökelfleisch, ein Gericht, an das sich Hedwig noch als alte Frau voller Abscheu erinnert. Ein besonderes Menü wird an Wasch- oder Scheuertagen aufgetischt. Um das ins Haus geholte

Personal möglichst kostengünstig zu ernähren, wird eine »Kesselbouillon« hergestellt: »Heißes Wasser, ganz wenig Butter, Zucker und Semmelscheiben, und die ›Bouillon‹ ist fertig.«

In *Schicksale einer Seele* – ihrem wie bereits erwähnt weitgehend autobiographischen Roman – beschreibt Hedwig Dohm den Alltag so: »Ich sehe die Mutter noch vor mir morgens in der Nachtjacke, mit fliegenden Haubenbändern und rotem Gesicht durch das Haus rasen. Ich sehe sie mit aufgesteckten Ärmeln einen Teig einrühren, ich sehe sie bei der Entdeckung von Staub in einem Winkel dem Dienstmädchen das corpus delicti zu Gemüt führen. Immer war sie hinter den Dienstmädchen her. Immer führte sie mit ihnen Krieg bis auf Messer. Dass sie alle wie die Raben stahlen, war selbstredend … Und ich denke mit einem Schauer zurück, wie ich immer auf der Flucht war vor ihr, vor ihren Klapsen, ihrem Schelten, ihrem roten Gesicht, ihrer grellen Stimme.«[3]

Die Töchter werden im Gegensatz zu den Jungen völlig selbstverständlich mit in den hausfraulichen Arbeitsalltag eingespannt. Sie müssen Hilfs- und Handlangerdienste übernehmen, auf die kleineren Geschwister aufpassen, die Babys zum Beispiel stundenlang im halb dunklen Zimmer in der Wiege schaukeln.

Doch Zeit zum gemeinsamen Spielen gibt es auch. Beliebt sind Spiele wie »Katze und Maus«, »Der Plumpsack geht rum«, »Blindekuh« und »Wer fürchtet sich vorm Schwarzen Mann«. Ein besonders boshaftes Spiel ist der »Mokierstuhl«. Es geht darum, laut die Wahrheit sagen oder eine bestimmte Aufgabe erfüllen zu müssen. Im Winter sind Lesekränzchen beliebt, auch Spiele, die den Verstand anregen wie »Wie, wo und warum?« Und die Pfänderspiele, die oft mit einem regelrechten Flirt verbunden sind, denn das Auslösen der Pfänder geschieht immer durch Küsse, durchaus erlaubte Küsse. Ein offener Gegensatz zu der sonst prüden Art, die eine Begegnung der Geschlechter nur heimlich, verstohlen und verklemmt erlaubt.

Geistige Anregungen sind im Hause Schlesinger rar. Intellektuelle, kulturelle Interessen kann Hedwig bei ihren Eltern nicht entdecken. Den Vater sieht sie ohnehin kaum. Seine Fabrik liegt am anderen Ende der Stadt, und er kommt erst abends nach Hause, wenn die Kinder schon im Bett liegen. Dieser »Sonntagspapa« ist »ein stiller, ergebener Herr. Wir wussten nichts von ihm, er wusste nichts von uns«. Schon mit vierzehn Jahren hat Hedwigs Vater im Kontor der väterlichen Fabrik gesessen. So hat er nie Zeit gehabt, seine künstlerische Begabung auszuleben, die er ohne Zweifel gehabt haben muss. Hedwig Dohm berichtet von einem Porträt ihrer Mutter als sechzehnjährige Braut, das er gezeichnet hat. Auch die Mutter ist nicht nur grob und tüchtig. Sie hat offenbar viel Sinn für Musik, singt mit »wunderherrlicher Stimme« und zeigt einen erstaunlichen Einfallsreichtum im Herausputzen der Familiengarderobe. Das lässt ahnen, was möglicherweise in ihr steckt.

»Hätte meine Mutter ihren Gesang, mein Vater seine bildnerische Begabung entwickeln können«, erzählt Hedwig, »unser Familienleben hätte sich wahrscheinlich ganz anders gestaltet. Der Welt des Geistes fern und fremd blieben beide. Einen Vorteil verdanke ich der naiven Unwissenheit der Eltern, ihrer völligen Indifferenz allen sozialen, politischen und religiösen Fragen gegenüber: Frei von allen Voreingenommenheiten, von irgendwelchen Familientraditionen auf den erwähnten Gebieten wuchsen wir auf. Ich brauchte nichts Anerzogenes, nicht innere Widerstände zu überwinden, um Raum zu schaffen für mein Eigendenken.«

Eigendenken, Eigenleben – Hedwig verkriecht sich in sich selbst, ist inmitten des Trubels der großen Familie, des geschäftigen Haushaltes, der Sonntagsausflüge ins Grüne mit Kind und Kegel ein einsames Kind, ein »leidenschaftlich unglückliches Kind«, das fast jeden Tag weint. »Ich war ja der Sündenbock im Hause. Alle Unarten der anderen wurden mir in die Schuhe geschoben. Leugnete ich, war ich eine durchtriebene Lügnerin. Hatte Schwester Anna Zucker genascht, ich bekam dafür bittren Kaffee. War eine Tasse zerbrochen, ich musste aus der zerbrochenen trinken. Meine

Schweigsamkeit war Dummheit, meine Abseitigkeit närrischer Trotz. Still und schweigsam verhielt ich mich aber nur im Zusammensein mit anderen. Innerlich war ich von betäubender Beredsamkeit, schmetterte oft meine Monologe in alle vier Winde.«

Aus der rauen Wirklichkeit ihres Alltags flüchtet sich Hedwig in eine Welt der Träume, in der sie schalten und walten kann, wie sie will, in der sie ihre Gefühle im Überschwang auslebt, sich die brillantesten Abenteuer auf den Leib schreibt. Im Traum kämpft sie gegen Armut und Elend, entflammt in glühender Liebe. »Ich schaffte die vielen Brüder ab und die Mütter korrigierte ich wesentlich.« Sie verlässt die spießbürgerliche Wohnung und kehrt in Glanz und Gloria großmütig verzeihend als größte Dichterin Europas zurück. Ihre schönste Zeit ist die vor dem Einschlafen, die allein ihr und ihren Träumen gehört. Der Traum wird zum Leben, das Leben selber bleibt ein wesenloses Dahindämmern. »Wer sich das Träumen angewöhnt, mag diese Rauschzustände nicht mehr entbehren.«

In der Schule erhält Hedwig auch keine wesentlichen Anregungen. Sie geht gerne hin, gehört wohl auch immer zu den besten Schülerinnen, obwohl es nicht besonders viel zu lernen gibt. In einer ihrer ersten Schriften wird sie später bemerken, dass nicht sie für Fehler in Orthographie oder Interpunktion verantwortlich zeichnet, sondern vielmehr die schlechte Bildung, die ihr zuteil wurde, und zwar nicht, weil sie selbst zu dumm oder zu arm oder zu faul gewesen wäre, sondern weil sie ein Mädchen war. »Gemäß der Anschauung, die auch heute noch fortwirkt, dass der Zweck der weiblichen Erziehung nicht die Entwicklung der Intelligenz, sondern die des Gemüts sei, wurde uns Wissenswertes nur in den minimalsten Dosen verabreicht. Sehr viel Religion. Die Größe und Allmacht Gottes wurde, durch viele Beispiele illustriert, uns von dem Lehrer in die Feder diktiert; wir hatten sie auswendig zu lernen. Auf Herzensbildung zielten auch die Themata des deutschen Aufsatzes ab: Gefühle beim Beginn des Frühlings, Empfindungen beim Untergang der Sonne oder Betrachtungen in der Silvesternacht«.

Sobald Hedwig lesen kann, macht sie sich wahllos über alles Gedruckte her, was sie vorfindet. Das sind in ihrem Elternhaus allenfalls ein paar Romane und einige Bände der Klassiker. Sie vergräbt sich in die Bücher wie in ihre Träume, und da es dazu noch verboten ist, steigert sich ihre Leseleidenschaft ins Unermessliche. Die Mutter habe das Lesen untersagt, schreibt sie in *Schicksale einer Seele*, und zwar nicht etwa aus besonderen pädagogischen Überlegungen – sondern vermutlich nur, weil es dem Kind Freude macht. Doch sobald die Eltern zum Sonntagsspaziergang aus dem Haus sind, stürzt sie sich auf die Bücher. Nie wäre sie jedoch auf die Idee gekommen, dass die

Bücher etwas mit dem wirklichen Leben zu tun haben könnten. Sie saugt aus ihnen die Nahrung für ihr reiches Phantasieleben und stürzt sich hastig von einem Buch zum nächsten. Mit elf Jahren ist sie schließlich wild entschlossen, selber Dichterin zu werden. Zunächst dichtet sie für die Schublade, »brachte ihr brechendes Herz in Verse«, wie sie es nannte. Bis ihr erstes Werk veröffentlicht wird, sollten noch mehr als zwanzig Jahre vergehen.

Über ihren Mangel an formaler Bildung ist sie nie hinweggekommen, obwohl sie zeit ihres Lebens gelesen und gelernt hat. »Bis an ihr Lebensende«, erzählt Hedwig Pringsheim-Dohm, die Tochter, in einem Zeitungsartikel über ihre Eltern Hedwig und Ernst Dohm, »hat sie es bitter beklagt, dass die elende Mädchenschulbildung jener Zeit sie auf Schritt und Tritt gehemmt hat. Ihr fehlte die solide Grundlage, darüber konnte sie zuweilen geradezu verzweifeln, und noch als alte Frau hat sie mit rührendem Eifer versucht, diese Lücken aufzufüllen.« Hedwig Dohm sagt dazu: »So musste ich ein Dilletant bleiben, der auf dem Instrument seiner Seele nur zu klimpern verstand. Ein geistiger Backfisch.«[4]

Backfische heißen die Mädchen in der Pubertät, der Zeit des Wartestands, der Brautschau, der Ehevorbereitung, denn etwas anderes als die Ehe steht den jungen Mädchen nicht in Aussicht, auch wenn es in den vierziger Jahren durchaus schon Frauen gibt, die Bildung und Ausbildung für Mädchen fordern. Doch davon erfährt Hedwig nichts – ihr Schicksal scheint unausweichlich festgelegt. Mädchen und Frauen haben nur einen Lebenszweck: zuerst für den Mann, dann für die Familie da zu sein.

Einen Vorgeschmack davon bekommt sie in der Schule. In *Schicksale einer Seele* beschreibt sie, wie Lehrer in der Schule oder auch der Klavierlehrer zu Hause – alles durchaus respektable ältere Familienväter – ihre Position und die Unwissenheit der Romanfigur Marlene ausnutzen und sie schamlos an sich drücken, betatschen. »Widrige Bilder«, doch eine Abwehr kommt ihr gar nicht in den Sinn. Auch als ein erwachsener Mann, ein Leutnant, das junge Mädchen im Garten immer so merkwürdig fixiert, versteht sie sein Ansinnen nicht, bis er ihr eines Tages gewaltsam einen Kuss aufdrückt, was sie »bis in den Grund erschüttert«. Da weiß sie Bescheid – und fühlt sich schuldig. Von einer Nachbarin wird sie über die Fortpflanzungsvorgänge aufgeklärt, aber das hinterlässt keinen sehr nachhaltigen Eindruck bei ihr. Liebe hat offenbar nichts damit zu tun. Denn die Liebe, die sie für den einen oder anderen, oft völlig aus der Ferne, empfindet, ist ein Seelenzustand, etwas Schwärmerisches, Erhöhtes. Sie entflammt für männliche Schönheit, zum Beispiel für eine hohe, schlanke Gestalt mit braungoldenem Vollbart, feurigen, dunklen Augen – einen Dichter. Und der ist es auch, der ihr als Erster regelrecht den Hof

21

macht, wofür sie ihm unendlich dankbar ist und sich sofort in ihn verliebt. Er ist nur zu Besuch, reist bald wieder ab. Das ist aber nicht weiter schlimm für das Mädchen, sie verarbeitet ihn in ihren Phantasiegeschichten, dichtet ihm die Qual der Reue an, weil er sich nicht mit ihr verlobt hat.

Mit fünfzehn ist für Hedwig die Schule zu Ende. Und damit auch die einzige Möglichkeit, sich Abwechslung zu verschaffen, Freundinnen zu treffen, sich auszutauschen, sich überhaupt außerhalb des Hauses aufzuhalten. Denn nun wird sie verstärkt zu Haus- und Handarbeiten angehalten, muss bei der großen Wäsche helfen, Strümpfe stopfen, Staub wischen, auf die kleinen Geschwister aufpassen. Und – das Schlimmste – sie muss schließlich an einem Teppich arbeiten. Jeden Tag stickt sie Stunde um Stunde ein Muster von großen, knalligen Blumen auf weißer Wolle. Und jeden Tag hofft sie, dass jemand käme und sie aus dieser grünen Plüschstube in der Friedrichstraße befreite. Sie sehnt sich nach Bergen von Büchern, nach zärtlichen Müttern. »Und ich fing an, über mein Schicksal zu grübeln. Musste denn alles so sein, wie es war? Warum hatten Mütter das Recht, ihren Kindern so viel Herzeleid anzutun, warum musste ich wie ein Sträfling immerzu mir widrige Arbeiten verrichten? Ich war doch wohlhabender Leute Kind! Warum musste ich so viel weinen, wurde immer gestraft und gescholten und tat doch nie Böses? Warum musste ich heimlich, als wär's ein Verbrechen, lesen? Warum durfte ich nichts lernen? Meine Brüder wollten und mochten nichts lernen und wurden dazu gezwungen.«

Die Revolution von 1848, die sich teilweise direkt vor dem Fenster der Familie Schlesinger in der Friedrichstraße abspielt, ist ein entscheidender Wendepunkt in Hedwigs Leben, wie sie später ihrer Enkelin Hedda Korsch versichert. Ausführlich beschreibt sie diese Erlebnisse in ihrem Roman. Allerdings ist sie tatsächlich bereits beinahe siebzehn Jahre alt und nicht erst fünfzehn wie die Ich-Erzählerin, sie kann daher viel eher die Tragweite der revolutionären Vorgänge erahnen.

Dass diese Revolution nicht aus heiterem Himmel kommt, sondern sich schon Jahre vorher zusammengebraut hat, weiß Hedwig beziehungsweise die Marlene des Romans nicht, die Märzunruhen gelten bei ihr zu Hause als »Krawalle von Pöbelhaufen der Bevölkerung«. Im Elternhaus wird die »Vossische Zeitung«[*] gehalten – der Annoncen wegen. Politische Gespräche gibt es nicht. In der Schule ist gelehrt worden, dass die Französische Revolution nichts weiter als eine Reihe schwerer Verbrechen war, von elenden

---

[*] Berliner liberale Tageszeitung

Mordbuben an wehrlosen Aristokraten verübt. Außerdem ist Ruhe immer noch die erste Bürgerpflicht.

Und dann kommt der 18. März, der Tag, an dem in Berlin die Revolution ausbricht. Die Romanfigur Marlene erlebt ihn »wie eine Offenbarung«.

»Am Nachmittag jenes denkwürdigen Tages«, erzählt sie, »pflanzte sich die mächtige Erschütterung, von den Linden ausgehend, durch die ganze Stadt fort, in immer gewaltigerem Wellenschlage. Eine Kugel sauste durch die Friedrichstraße, dicht an unseren Fenstern vorbei. Keinen Schatten von Furcht empfand ich, nichts als eine ungeheure Aufregung, ein wahnsinniges Verlangen, da unten zu sein, zu sehen, zu hören. Natürlich durfte ich weder auf die Straße noch ans Fenster. Der Zorn eines Gefangenen, der an den Eisenstäben seines Gitters rüttelt, brannte in mir.

Am anderen Vormittag aber entschlüpfte ich.

Ich lief die Friedrichstraße entlang, ohne eigentlich etwas Bemerkenswertes zu sehen. Da – an der Leipzigerstraßenecke stand eine Menschenmenge. Auf dem Pflaster eine Blutlache. Durch den Rinnstein floss Blut. Ein Erschossener hatte da gelegen.

Ich kam an eine Kirche. Ich meine, es war die neue Kirche auf dem Gendarmenmarkt. Vor dem Eingangsportal lagen zehn bis zwölf Tote. Die ersten Toten, die ich sah. Das heißt, ich sah eigentlich nur einen Toten. Ein kraftvoller, hochgewachsener Jüngling musste es gewesen sein. Mit nackter Brust lag er da. Das schwe-

re, wirre Blondhaar mit Blut an den Schläfen festge-
klebt, blutig das Hemd. Die blauen Augen offen. Ver-
glast, drohend blickten sie zu mir, wie mit einer ver-
zweiflungsvollen Frage; und ich antwortete mit einem
wilden Schluchzen …

Man schob mich in die vorderste Reihe. Ich fürchtete
mich sonst vor jedem Gedränge. Hier wäre mir jede
Furcht lächerlich vorgekommen. Kein Schutzmann,
kein Militär weit und breit. Man sprach leise wie in einer Kirche. Keine Träne floss, keine Faust ballte sich,
kein Fluch wurde laut. Auf allen Gesichtern der Ausdruck einer stillen, vornehmen Trauer … Seit jener
Stunde, wo ich den Adel im Volk geschaut und wo
zwei tote Augen mein Innerstes durchschauert, war
ich – man nannte es damals Demokratin. Von der Sozialdemokratie war, soviel ich mich erinnere, noch
nicht die Rede. Ja, ich wurde eine blutrote Revolutionärin. Ich schwärmte massenhaft – so ins Blaue hinein
– für Freiheit und speziell für die Herwegh'sche Re-
volutionshymne: ›Die Toten an die Lebenden: Reißt
die Kreuze aus den Erden. Alle sollen Schwerter werden …‹«

Was die Sehnsucht nach Freiheit bedeutet, braucht
Hedwig niemand zu erklären. Sie ist rein gefühlsmäßig auf Seiten der Revolutionäre, ohne genau zu wissen, wofür oder wogegen das Volk in jenen Tagen
kämpft. Sie weiß nichts von einem Streben nach einem
einheitlichen Deutschland, nach Aufhebung der Zoll-

25

grenzen in den vielen Fürstentümern, um dem aufblühenden Handel und der kapitalistischen Industrieproduktion Raum zu schaffen; nichts von den Forderungen nach Demokratie, Abschaffung der Zensur und freien Wahlen; nichts von den Differenzen der verschiedenen Träger der Revolution, den unterschiedlichen Bestrebungen der Bürger und der Arbeiter und auch der Frauen, die sich in diese Revolution einmischen und erste Forderungen nach Beteiligung am politischen Leben aufstellen. Die Erlebnisse jener Tage verstärken jedenfalls ihre Abneigung gegen Macht, gegen Zensur, gegen Gewalt, gegen Unterdrückung und Einschränkung der freien Meinungsäußerung. Erst viele Jahre später wird sie sich zu diesen Themen äußern, nämlich dann, als sie sich die erforderlichen Kenntnisse, das erforderliche Wissen angeeignet hat, um ihre gefühlsmäßig längst klaren Vorstellungen auf einen argumentativen Grund setzen zu können.

Von 1848 bis zu ihrer Heirat 1853 vergehen noch fünf Jahre. Wie und ob sie in dieser Zeit die politischen Ereignisse, das Niederschlagen der Revolution, das Erstarken der reaktionären Kräfte, der Krone, des Adels und des gehobenen Bürgertums wahrnimmt und es verarbeitet, ist nicht bekannt. In *Schicksale einer Seele* spricht sie von Freiheitsbüchern, die sie liest, von politischen Versammlungen, die sie besucht, was ihr aber untersagt wird, sobald die Mutter es herausgefunden hat.

Hedwig hat ihren Eltern den Besuch eines Lehrerinnenseminars abgetrotzt. Aber der Wert einer solchen Ausbildung ist äußerst fragwürdig, gestattet den jungen Frauen allerdings, in beschränktem Rahmen zu unterrichten. Vielleicht haben die Eltern überlegt, dass es bei acht zu versorgenden Töchtern angebracht sei, Hedwig zumindest vorübergehend eine Erwerbstätigkeit zu ermöglichen. Der praktisch orientierten Mutter wäre so eine Überlegung durchaus zuzutrauen. Wirklich etwas gelernt hat Hedwig dort allerdings nicht, nicht die »politische Nahrung erhalten, die ein erwachender Geist braucht«[5]. 1872 beschreibt sie in ihrer ersten polemischen Schrift *Was die Pastoren von den Frauen denken* ihren Wissensstand nach bestandenem Examen: »Ich kann die positivste Versicherung geben, dass, etwa dreißig Gesangbuchlieder und eine entsprechende Anzahl Bibelsprüche abgerechet, mein Wissen das Maß gewöhnlicher Elementarkenntnisse kaum überstieg und schwerlich den Bildungsstand eines Quartaners auf einem Gymnasium erreichte. Trotzdem war auf meinem Zeugnis zu lesen, dass ich zum Unterricht wohl befähigt sei. Zu gleicher Zeit mit mir machte eine junge Dame das Examen, die in dem Kampfe zwischen ›mir‹ und ›mich‹ durchaus noch nicht Siegerin geblieben war. Indessen, sie bestand.«[6]

Doch dann bahnt sich eine wirklich aufregende Sache an. Die Mutter will mit ihr nach Südspanien zu ihrem ältesten Sohn fahren – das muss etwa im Jahre 1851 sein. Und in diesem Jahr stirbt dann der Vierundzwanzigjährige. Möglicherweise ist er lange krank gewesen, sodass die Mutter mit Hedwig anreist, um ihn zu pflegen, auch um im Hausstand der jungen Familie zu helfen. Und kurz vor dieser Reise lernt Hedwig ihren späteren Ehemann Ernst Dohm kennen. Er hat zu diesem Zeitpunkt bereits seinen Pfarrberuf an den Nagel gehängt, ist Redakteur der satirischen Zeitschrift *Kladderadatsch* und sucht sein Einkommen durch Privatstunden aufzubessern, da er seine Mutter und zwei Schwestern versorgen muss.

Die Tochter Hedwig Pringsheim-Dohm beschreibt die Begegnung ihrer Eltern so: »Und so kam er eines Tages durch irgendeine Vermittlung in das Haus des wohlhabenden Tabakfabrikanten G. A. Schleh, dessen Frau und Tochter zu einer Reise nach Spanien zum Besuche des dort verheirateten ältesten Sohnes rüsteten. Er konnte zwar nicht Spanisch, aber mit Intelligenz und Energie kann man ja alles (sogar kochen) und so lernte denn Hedwig Schleh die Anfangsgründe des Spanischen bei diesem entgleisten Theologen. Und etwas anderes lernte sie bei ihm, das dann ein Jahr später, nach der Rückkehr aus Spanien, zur Verlobung und zur Ehe führte, sehr zum Missvergnügen von Tabakfabrikantens, die sich einen Schwiegersohn mit soliderer Basis gewünscht hätten.«[7]

Am Montag, dem 21. März 1853, heiraten nachmittags um zwei Uhr Friedrich Wilhelm Ernst Dohm, dreiunddreißig Jahre alt, und die Jungfrau Marianne Adelaide Hedwig Schleh, einundzwanzigeinhalb Jahre alt. Damit ist Hedwig aus dem ungeliebten Elternhaus entlassen. Ein Gefühl der Befreiung war es, erzählt sie später.

Grübeln

»Die Herrschaft des Mannes der Frau
gegenüber ist eine mildere geworden, aber die
Ehe ist immer noch eine fast absolute und gesetzlich
garantierte Herrschaftsform des Mannes, und
das junge heiratsfähige Mädchen ist auch noch
heut nicht viel mehr als eine Ware, die besichtigt,
behandelt und gekauft wird.«
Hedig Dohm,
Der Frauen Natur und Recht, 1876

Wer ist dieser Ernst Dohm, mit dem Hedwig dreißig
Jahre lang zusammenleben wird? Sie selber hat sich so
gut wie überhaupt nicht über ihn geäußert, und es
wird vermutet, dass ihre Ehe nicht eben glücklich gewesen ist. »Der Gatte kränkte sie durch Leichtsinn
und Untreue.«[1] Andererseits bedeutet die Ehe mit
Ernst Dohm, dass Hedwig endlich Zugang zu Kultur
und Bildung bekommt. Sie lernt die geistige, politische und künstlerische Elite Berlins kennen – dank
ihrer ausgezeichneten Beobachtungsgabe gleichzeitig
auch gründlich die Schattenseiten dieser bürgerlichen
Gesellschaft.

In den ersten zwanzig Jahren ihrer Ehe, in denen sie
fünf Kinder bekommt und eines davon durch den Tod
verliert, reifen langsam, aber sicher all die aufmüpfi-
gen, spektakulären Gedanken über das Recht der Frau
auf Selbstbestimmung heran, mit denen sie in ihren
ersten polemischen Schriften in den Jahren 1872 bis

1876 die Öffentlichkeit – vielleicht auch ihren Ehemann – überrascht.

Ernst Dohm ist über zehn Jahre älter als Hedwig. Er wird am 24. Mai 1819 in Breslau als Kind jüdischer Eltern geboren. Die Familie konvertiert zum evangelischen Glauben, und Ernst Dohm wächst, »wie das bei Konvertiten ja so häufig ist, in streng protestantischer Religionsausübung«[2] auf, erzählt seine älteste Tochter. Er »wurde nach dem frühen Tode des Vaters von der frommen Mutter und einer wohlhabenden pietistischen Freundin des Hauses, die den Unterhalt der in kärglichen Verhältnissen lebenden Familie zum größten Teil bestritt, zum Geistlichen bestimmt. Vater hat uns oft erzählt, wie armselig es bei ihnen zuging, wie er mit der Mutter und den beiden Schwestern abends um den runden Tisch saß, auf dem in der Mitte ein einziges Talglicht brannte, die drei Frauen handarbeitend, er seine Schulaufgaben lösend«. Und dabei eignet er sich eine ausgezeichnete humanistische Bildung an. So hat auch Hedwig jahrelang des Abends um den runden Familientisch gesessen – nur durfte sie nicht lernen, sie musste die Hände weiblich fleißig handarbeitend rühren.

Ernst Dohm studiert in Halle Theologie und Philosophie, absolviert wohl auch die zum Pfarramt notwendigen Predigten, doch auf die Kanzel hat es ihn nie gezogen. Stattdessen beginnt er als Hauslehrer und Journalist zu arbeiten, zunächst auf dem Lande, dann

31

in Berlin. Eine Zeit lang leitet er ein Knabenpensionat und tritt schließlich – im Jahre 1848 – in die Redaktion des berühmten politischen Witzblattes *Kladderadatsch* ein, dessen verantwortlicher Redakteur er ab der dritten Ausgabe bis kurz vor seinem Tode mit einer kurzen Unterbrechung ist. Außerdem fertigt er ausgezeichnete Übersetzungen von Lafontaines Fabeln und den Texten von Jacques Offenbach an, schreibt kleinere satirische Werke und ist 1853 für kurze Zeit Dramaturg des Königstädtischen Theaters. Rudolf Hofmann, der Sohn des Verlegers Albert Hofmann, schreibt über Dohm: »Dohms Eigenart, ja der Grundzug seines Charakters war satirisch. Wenn man ihn erzählen hörte – und er war ein Plauderer, so amüsant und faszinierend, wie es wohl kaum je einen zweiten geben wird –, erstaunte man über den Reichtum seiner geistvollen Gedanken und über die Fülle liebenswürdiger Bosheiten, mit denen er über Menschen und Dinge zu urteilen pflegte, die irgendwie seine Kritik herausgefordert hatten. Er war mit solchen Kritiken recht freigebig und verschonte auch die besten Freunde nicht.«[3] Um wie viel weniger seine Frau?

Als er Hedwig heiratet, ist er also bereits so etwas wie ein »gemachter« Mann, hat seinen Platz im Leben gefunden, einen festen Freundes- und Kollegenkreis. Die »Gelehrten« des *Kladderadatsch*, wozu außer Ernst Dohm seine beiden Vettern Rudolf Löwenstein und David Kalisch als Texter sowie der Zeichner Wilhelm Scholz gehören, sind in der ganzen Stadt bekannt. Hedwig hingegen wird praktisch von einem auf den anderen Tag in eine neue Welt versetzt. In *Schicksale einer Seele* scheint es gar, als wäre die junge Frau Marlene vom Regen in die Traufe gekommen – von »Befreiung« kann zunächst kaum die Rede sein. Auch wenn dieser Roman nicht in allen Punkten Hedwig Dohms wirklichem Leben entspricht, so hat sie mit ihm in jedem Fall ein sehr plastisches Bild jener Zeit geschaffen.

Schon die Hochzeit der Marlene – der »glücklichste Tag im Leben einer Frau«[4] – ein einziger Alptraum: »Frostiges, hässliches Wetter. Es schneite. Damit das Wohnzimmer beim Hochzeitsmahl nicht zu heiß sein sollte, hatte man nicht eingeheizt. Und da stand ich nun fröstelnd in dem weißen dekolletierten Atlaskleid. Ich wollte kein ausgeschnittenes Kleid, ich war doch zu mager. Es wäre eleganter, dekretierte meine Mutter, und damit basta.

Um ein Uhr sollte die Brautschau sein. Von elf Uhr an mußte ich fix und fertig in vollem Staat dastehen, zur Brautschau. Und das Hauspersonal und all die Leute, die ab und zu in unserem Haushalt beschäftigt waren, traten an: die Dienstmädchen, die Näherin, die Plätterin, die Friseurin, die Waschfrauen, sogar die Hökerfrau. Und die Näherin brachte ihre Tochter mit und die Plätterin ihre Nichte. Und die Freundinnen meiner Schwestern kamen auch. Und alle waren in Ekstase über mein weißes Atlaskleid mit der Schleppe und sie sagten alle nichts, und ich fühlte, wie von der Kälte meine Nase rot wurde.

Und zuletzt kam die Großmutter mit einer riesigen, neuen Haube und ihr Geschenk bestand aus einem sinnigen Scherz: ein Futteral. Und wie ich es aufmachte, purzelten aneinander gereiht ein Dutzend ganz kleiner Püppchen heraus.«

Frauenschicksal.

Die Trauung in der Kirche steif, kühl. »Die Traurede: Die herkömmlichen Phrasen von Liebe und Treue, von heiligen Pflichten, Gehorsam, Demut, Ewigkeit und Gottvertrauen.«

Beim anschließenden Festmahl steht Walter, der liebenswürdige und geschmeidige Weltmann, der Roman-Ehemann, im Mittelpunkt, hält sich fern von seiner Braut, ist ihr schon fremd geworden. Und das bleibt er auch, als sie gemeinsam mit der Kutsche in ihr neues Zuhause fahren. Ein Mädchen ist da und begrüßt das Brautpaar »und schmunzelte so komisch … Daß man noch nicht einmal darauf gekommen ist, an Hochzeitsabenden das Mädchen für alles auszusperren. Und überhaupt – ach!«

Meint Marlene mit diesem »Und überhaupt – ach!« ihre Hochzeitsnacht, für die sie sicher kaum vorbereitet ist, die sie womöglich eher erduldet als genießt? Hier könnte der Schlüssel dafür liegen, dass Hedwig

Dohm die sinnliche Liebe, die Sexualität meist als »den Schaum auf einem Getränk«, etwas rasch Vergängliches, Zweitrangiges bezeichnet. »Sinnliches Begehren und eigentliche geistige Individualität haben nichts miteinander zu tun. Liebe, intime, begeisterte Genossenschaft und die Liebe, die ich meine, ist ebenso realistisch wie die Umarmung der Leiber«[5], lässt sie ihre Hauptfigur in der Novelle *Werde, die du bist* sagen, in der eine ältere Frau voller Bitterkeit ihr vertanes Leben in der Ehe reflektiert und sich dabei bis in den Wahnsinn steigert. Dieselbe Frau berichtet, wie ihr Mann und sie nach der Geburt von zwei Kindern als Verhütungsmaßnahme getrennte Schlafzimmer einrichteten. Ihr war das nur recht, »denn ihr innerstes Wesen sträubte sich gegen viele Dinge, die zur Ehe gehörten«. Ihr Mann mag sich sein Vergnügen außer Haus gesucht haben, ein – nicht nur zu jener Zeit – durchaus gewöhnliches Verhalten.

Auch Ernst Dohm scheint nicht immer treu gewesen zu sein, Hedwig Dohm selber erwähnt dies aber nie. Ihrem Roman-Ehemann Walter schreibt sie allerdings ein ausschweifendes Liebesleben zu: »In seinen Liebesbeziehungen zu Frauen ging alles durcheinander, ob Verheiratete, ob Schauspielerinnen, kleine Bürgermädchen, Dienstmädchen, Dirnen, große Damen, Märchenprinzessinnen, alles war ihm recht.«

Als Hedwig nach der Heirat ihrer eigenen Wirtschaft vorsteht, bleibt in ihrem Elternhaus noch eine ganze Schar unverheirateter Kinder zurück, sodass ihre Mutter, diese energische, arbeitsame Frau, keine Zeit hat, sich in Hedwigs Haushalt einzumischen. Ihre Besuche bleiben spärlich. Hedwig ist der Tyrannei ihrer Mutter entronnen, dem ständigen Trubel des vielköpfigen Heims. Nun ist sie völlig auf sich allein gestellt, ist verantwortlich für die Mahlzeiten, den Einkauf, die Vorratshaltung, die Wäsche, die Kleidung, den Hausputz, das Brennmaterial, ohne dafür vernünftig vorbereitet und ausgebildet zu sein. Jahre mühsamen Lernens liegen vor ihr – wobei sie sicherlich des Öfteren kritische Blicke und spöttelnde Bemerkungen ihres Ehemannes einstecken muss.

In bürgerlichen Familien ist es üblich, Personal im Haus zu haben, auch wenn die finanziellen Verhältnisse noch so knapp sind. Viele Dienstboten kommen als ganz junge Mädchen vom Land, stammen aus Arbeiter-, Angestellten- und kleinen Handwerkerfamilien und arbeiten in den städtischen, bürgerlichen Haushalten bis zu ihrer Verheiratung zwischen elf und vierzehn Stunden am Tag. Die Dienstmädchen unterstehen laut Gesindeordnung ihren Herrschaften beinahe wie Leibeigene. Sie erhalten meist unzureichende Ernährung, eine miserable Unterkunft und ein kleines Taschengeld.

Einerseits erleichtert natürlich die Arbeit des Dienstmädchens die Haushaltsführung, andererseits gibt es ständig Konflikte und Probleme. »Es ist nicht leicht, sondern sehr schwer für eine junge Frau, die vielleicht noch niemals in ihrem Leben die kleinste selbständige Handlung getan hat, urplötzlich Menschen leiten und beherrschen zu müssen, die vielleicht älter und erfahrener sind als sie«[6], meint Hedwig Dohm in ihrer 1873 erschienenen Schrift *Vom Jesuitismus im Hausstande*, in der sie sich ausführlich mit der Rolle der Hausfrau beschäftigt und immer wieder Beispiele aus eigener Erfahrung anführt. Sie, die schüchterne, träumerische junge Frau, die so sehr unter der Fuchtel ihrer Mutter gelitten hat, soll sich nun gegenüber den oft sehr resoluten, nüchternen Arbeitsfrauen durchsetzen. Eine Rolle, die ihr überhaupt nicht behagt und die sie auch nie lernt. Sie versucht es daher anders.

Dienstboten gelten gemeinhin als naschhaft, weswegen man alle Lebensmittel sorgsam vor ihnen hüten, die Speisekammer stets abschließen müsse. Auch Hedwig werden vom Tage ihrer Verheiratung an Lebensmittel entwendet, bis sie begreift, dass dies mit dem kargen Kostgeld zusammenhängt, von dem die Dienstboten sich gar nicht ausreichend ernähren können. Ihre Schlussfolgerung daher: Wenn ihr Dienstmädchen sich in ihrem Haushalt satt essen kann, dann braucht sie nicht zu naschen, Misstrauen und Kontrolle bleiben überflüssig, die Speisekammer kann offen bleiben. Als die junge Ehefrau Hedwig dies mit

Erfolg bei sich eingeführt hat, bekommt sie Besuch einer Verwandten, die voller Entsetzen feststellt, dass der Schlüssel in der Speisekammertür steckt, und Hedwig triumphierend den abgezogenen Schlüssel präsentiert. Die Folge: »Meine Auguste in der Küche schwamm in Tränen, das ganze Haus geriet in Aufregung, sie rührte nicht Speise noch Trank an, selbst ein eigens zu dem Behufe der Tröstung herbeigeschafftes Stück Kuchen blieb ohne Wirkung auf ihr verletztes Gemüt. Wir hatten nur die Wahl: Auguste als verhungerte Leiche in den Fluten ihrer Tränen dahintreiben zu sehen oder Wiedereröffnung der fraglichen Kammer. Natürlich steckte ich den Schlüssel, beladen mit der Verachtung der kleinen Verwandten, wieder ein.«[7] Obwohl sie sich nach und nach in ihr neues Leben einfindet, glücklich wird Hedwig Dohm mit ihrer bürgerlichen Hausfrauenrolle nicht. »Wenn ich mein vergangenes Leben überblicke und an alles Traurige denke, was mir widerfahren, so taucht auch vor mir der Schatten vieler, vieler des Anbrennens und Stehlens kundiger Köchinnen auf, schwarze Bosheit im Herzen, Verleumdung auf der Zunge. Und um mich vor den brenzligen Gespenstern zu retten, schicke ich ein Stoßgebet hinterher: ›Herr, erlöse mich von der Köchin!‹«[8], schreibt sie 1873.

Die fünfziger Jahre des vorigen Jahrhunderts, in denen die Ehe der Dohms beginnt, sind geprägt von der

verlorenen Revolution 1848. Viele ehemalige Revolutionäre mussten fliehen, sind nach Amerika ausge-
wandert oder befinden sich in Festungshaft. Trotzdem
bleibt die bürgerliche Nationalbewegung ein ewiger
Unruhefaktor im preußischen Königreich, das Bür-
gertum wird mit dem gewaltigen Fortschritt der In-
dustrialisierung immer mächtiger. Die Vereinigung
der vielen deutschen Staaten und die Demokratisie-
rung stehen im Mittelpunkt der Auseinandersetzungen zwischen der Partei der Konservativen und der liberalen, demokratischen, nationalen Bewegung. Die
sich langsam zu organisieren beginnende Arbeiterbewegung wird eine weitere politische Kraft.

Ernst Dohm ist ein liberaler, gemäßigter Demokrat
aus den Tagen der Revolution, was ihn nicht hindert,
später mit seinen Freunden ein Anhänger des zunächst auch im *Kladderadatsch* heftig bekämpften
Bismarck zu sein, in dem sehr früh schon der Wegbe-
reiter zur einigen deutschen Nation – mit wenig demokratischen Mitteln allerdings – erkannt wurde.

Wie der verantwortliche Redakteur Dohm wird auch
seine Zeitschrift im Laufe der Jahre zahmer. Der
Kladderadatsch ist ein Produkt der 48er Revolution –
die dort erkämpfte Pressefreiheit führt zu einer Blüte
aller möglichen politischen und literarischen Publikationen, die sich vor allem gegen die verhasste Aristo-
kratenherrschaft und für die deutsche Freiheit und
Einheit engagieren. Das Blatt bleibt bis zu den Jahren

der Reichsgründung (1871) an der Seite der bürgerlichen Opposition, deren politisches Bestreben hauptsächlich auf wirtschaftliche Interessen gerichtet ist. Außenpolitisch also das Vorantreiben der nationalen Einigung, innenpolitisch konsequenterweise die Abgrenzung vom vierten Stand, von der Arbeiterbewegung. So ist die Opposition des *Kladderadatsch* im Grunde nur noch halbherzig – jedenfalls sicher nicht mehr im Sinne der 48er Revolution –, auch wenn die Redaktion Konflikte mit der Obrigkeit hat. Ernst Dohm wird als verantwortlicher Redakteur sogar wegen Beleidigung einer Prinzessin für fünf Wochen in Haft genommen, auf königliches Dekret aber vorzeitig entlassen.

Wie hat Hedwig Dohm das alles gesehen? Den Wandel ihres Mannes wird sie kritisch beobachtet haben, ihr Herz schlägt – wie jedenfalls später aus ihren Schriften ersichtlich wird – für soziale Gerechtigkeit, später für die Sozialdemokratie, auch wenn sie an der Partei und deren Vertretern einiges auszusetzen hat. Die deutsche Nation hat für sie nie eine besondere, herausragende Rolle gespielt, Hurrapatriotismus kennt sie nicht. Nach 1871 spöttelt sie über den Nationalrausch der Deutschen, im Ersten Weltkrieg ist sie strikte Pazifistin. Sie muss – zumindest innerlich – auch politisch in Opposition zu ihrem Mann gestanden haben.

Wie aber kann sie überhaupt erfahren, was sich in der

Politik tut? Frauen ist in Preußen seit 1850 die Beteiligung an öffentlichen politischen Versammlungen per Gesetz verboten. Bleiben Zeitungen, Bücher und die Gesellschaften in den Salons, den Treffpunkten in den verschiedenen Wohnungen der Verleger, Politiker, Künstler, Intellektuellen, wo man regelmäßig an so genannten Jours fixes zusammensitzt. Oft genug allerdings treffen sich dort nur die Männer und diskutieren allein.

Bei den Forderungen nach politischer Freiheit sind die Frauen mehr oder weniger stillschweigend ausgeschlossen. Die Aufbrüche im Zuge der Revolution – zum Beispiel die *Frauen-Zeitung* von Louise Otto-Peters (Motto: »Dem Reich der Freiheit werb ich Bürgerinnen«) – sind von der Redaktion[*] schnell wieder zerschlagen worden. Worüber sich die meisten Bürger vermutlich kaum aufregen. Frauen sollen hübsch und anmutig den Gesellschaften einen angenehmen Rahmen geben, wobei sie selber buchstäblich in einem Rahmen stecken, der ihnen nur wenig Bewegungsfreiheit erlaubt. Gemeint ist hier nicht nur ihre Erziehung, ihre mangelnde Bildung, sondern auch ihre Kleidung: Die Krinoline ist in den fünfziger Jahren modern, ein mächtiges, rundes Gestell unter den Röcken, was Hedwig Dohm offenbar unmöglich findet. Denn einmal wagt sie sich ohne solch ein Ungetüm

---

[*] Bewegung gegen die demokratischen Kräfte, vertreten durch den königlich-preußischen Staatsapparat.

auf die Straße: »Ich erregte einen wahren Jubel unter dem Volk und der Schuljugend und wurde derartig ausgespottet und gehöhnt, dass ich mich nie wieder zu der maßlosen Lächerlichkeit, ohne den Umfang eines respektablen Tonnengewölbes auszugehen, hinreißen ließ.«[9]

Hedwig Dohm trifft in den Salons mit so ziemlich allen zusammen, die damals in Berlin Rang und Namen haben, Künstler, Intellektuelle, Politiker wie Fanny Lewald, Ferdinand Lassalle und Theodor Fontane. Der Kreis ist klein, man kennt und man trifft sich. Für Hedwig eine fremde Welt, in der sie sich erst zurechtfinden muss, wobei ihr Mann ihr nicht unbedingt ein guter Beistand ist, wie bei folgender Episode deutlich wird: »Als ganz junge Frau war ich einmal in einer Gesellschaft, in der die Rede auf August Boeckh kam. ›Wer ist Boeckh?‹, fragte ich harmlos. Ich werde nie den Blick des Schreckens vergessen, den mein Mann bei dieser Frage auf mich warf. Er schämte sich gründlich meiner. Nun bitte ich einen Menschen, hätte ich wirklich vom Hörensagen den Namen Boeckh gekannt, ohne eine Ahnung von dem Inhalt seiner Schriften zu haben, was hätte das an der Tatsache meiner Unwissenheit geändert? Ist es nicht geradezu possierlich, dass die Männer sich der Unwissenheit ihrer Frauen schämen, deren intellektuelle Urheber sie sind?«[10]

Welche Rolle der Frau zustand, zeigt ein weiteres Erlebnis auf einer Gesellschaft an einem Silvesterabend. Der Gastgeber braut noch am Punsch, als seine Frau mit dem zwölften Glockenschlage »Prosit Neujahr« ruft. Da weist er sie mit den Worten zur Ruhe: »Ich habe hier zu bestimmen, wann Mitternacht ist.«[11]
Hedwig schweigt in solchen Situationen, äußert allenfalls Gemeinplätze, vermeidet Konflikte – zum Streit ist sie sowieso viel zu schüchtern und den Mangel an Bildung empfindet sie immer wieder als äußerst schmerzhaft und einschränkend. So hört sie aufmerksam zu und beobachtet genau. Wie scharf, wie kritisch, erfahren wir später in ihren Broschüren, in denen sie genau das geißelt, was sie selber erlebt und gesehen hat, dem aufgestauten Zorn freien Lauf lässt.

Ludwig Pietsch, ein Maler und Schriftsteller, zeichnet in seinen Erinnerungen ein anschauliches Bild des gesellschaftlichen Umgangs der Bürger, ihrer Vergnügungen und Zerstreuungen in den fünfziger und sechziger Jahren des vorigen Jahrhunderts. Die Männer berauschen sich an Haschisch, versuchen sich am Tischerücken, sind viel unter sich. Die zahllosen Liebesaffären verschweigt Pietsch allerdings diskret. Er selbst gehört auch zu den »Kreisen«, in denen die Dohms verkehren. Er berichtet von gemeinsamen Ausflügen und vom Eislaufen – eine Kunst, die Hedwig Dohm offenbar virtuos beherrscht. Ernst Dohm ist nach Pietschs Schilderung »ein blonder Herr von mittelgroßer, untersetzter, mäßig gerundeter Gestalt, von sauberstem, korrektem Aussehen, mit bebrilltem Gesicht, das sich in sehr ernste Falten legen konnte, in dem aber viel häufiger noch die Geister eines bald graziösen und gemütlichen, bald schneidenden satirischen Humors zuckten; von tiefer, reicher, gelehrter, klassischer Bildung und einem zur hohen Meisterschaft ausgebildeten, glänzenden natürlichen Form- und Sprachkünstlertalent, verbunden mit der Gabe der anmutigen, immer anregenden, Weib und Mann gleich fesselnden und gewinnenden Plauderei, wie sie gelehrten deutschen Männern nur äußerst selten gewährt war. Später trat auch seine dunkellockige Gattin, aus deren großen sammetweichen, breitlidrigen ›Märchenaugen‹ der schwungvolle Geist und die reiche Phantasie der kleinen zierlich gewachsenen Dame strahlte, in diesen Kreis ein und schmückte die dortigen Feste mit dem Zauber ihrer fremdartigen Schönheit.«[12]

Hedwig Dohm beherrscht schließlich ihre Rolle. Auch sie empfängt in ihrem Hause und später gibt es bei ihr einen Jour fixe. Anna Plothow beschreibt sie in einem 1913 erschienenen Aufsatz als gute Hausfrau und treffliche Wirtin. »In ihrem der Einrichtung nach recht bescheidenen Salon drängten sich in den drei Jahrzehnten ihrer Ehe alle liberalen Politiker von Ruf, die Literaten und Künstler. Oft waren an den Empfangstagen mehr Besucher da als Stühle, und da die Kleiderhaken im Korridor nicht ausreichten, rollten die Herren ihre Überzieher zusammen und stellten sie so an die Wand.«[13]

Trotz des gesellschaftlichen Umgangs bleibt Hedwig Dohm einsam. Zu anderen Frauen hat sie kaum Beziehungen, sie entdeckt bei ihnen im Wesentlichen »Beschränktheit und nichts als elende Tradition im Fühlen und Denken, in Anschauung und Lebensweise«.[14] Die Geschlechtsgenossinnen bleiben ihr fremd: »Ich bekenne, dass ich mir kaum von einer einzigen Frau aus dem Kreise der gebildeten Gesellschaft zu sagen traue, dass ich sie kenne, dass ich weiß, was sie denkt und fühlt. Diese Frauen lassen sich nie in die Karten sehen. Sie sind von unglaublicher Diskretion über sich selbst, sie verschleiern stets ihre Seele.«[15]

Im Roman *Schicksale einer Seele* ist es eine Frau, deren Freundschaft der jungen Marlene aus den Fesseln der Konventionen, aus den Selbstzweifeln und Unsicherheiten heraushilft. Eine solche Freundin hätte die junge Hedwig sicher gerne gehabt, doch weder in ihren Schriften noch in den Erinnerungen anderer gibt es entsprechende Hinweise.

Eine etwas engere Beziehung hat Hedwig Dohm zu Ferdinand Lassalle. Sie treffen sich häufig auf Gesellschaften und Ausflügen, besuchen sich gegenseitig und schreiben sich Briefe, die aber nicht erhalten sind. In Lassalles umfassend veröffentlichtem Nachlass sind einige Hinweise auf ihre Freundschaft und natürlich auf seine Beziehungen zu Frauen überhaupt zu finden.

Lassalle, 1825 geboren, also sechs Jahre älter als Hedwig Dohm, ist ein leidenschaftlicher Demokrat. »Seit der Niederlage der 48er Revolution war Lassalles einziges Lebensziel die Weiterführung der Revolution, ausgehend von dem Punkte, an dem sie stecken geblieben war. Jahrelang suchte er nach dem passenden Hebel, die Bewegung über den toten Punkt zu heben, und fand ihn endlich in der sich neu konstituierenden Arbeiterbewegung. So kam letztlich die Verbindung des Demokraten und Kommunisten Lassalle mit der Arbeiterbewegung zustande.«[16] 1857 siedelt er nach Berlin über – die Veröffentlichung seines philosophischen Werkes *Herakleitos der Dunkle* verschafft ihm schließlich die Aufenthaltserlaubnis der preußischen Behörden, denn er ist bekannt als »roter Revolutionär« und als Anwalt der Gräfin von Hatzfeld, der die Ansprüche dieser geschiedenen Adligen gegen ihre feudale Familie erfolgreich vertreten hat. Nicht unbedingt eine Empfehlung bei einer konservativen Regierung.

Lassalle sucht und findet Kontakt zu der geistigen und politischen Elite der Stadt, zu den Salons, in denen auch Ernst Dohm, »ein äußerst liebenswürdiger Mann«[17], und dessen Frau verkehren, lädt bald auch in seine Wohnung ein. In seinen nachgelassenen Briefen berichtet Lassalle von Landpartien, von nächtlichem Champagnertrunk in seiner Wohnung, von Theaterabenden und Soupers, Kaffeetrinken auf seinem Balkon am Nachmittag, aber auch nachts nach einem Souper außer Haus. Ihm geht es bei diesen gesellschaftlichen Kontakten besonders um die Frauen, er will »es zu etwas ganz Gewöhnlichem machen, dass Damen des besten Genres mich zu jeder Tageszeit besuchen«, damit auch die Gräfin Hatzfeld zu ihm kommen kann, ohne gegen irgendwelche Konventionen zu verstoßen. Lassalle wünscht, dass sie nach Berlin komme, denn sie ist ihm eine der wichtigsten Personen in seinem Leben. Die Beziehung zwischen den beiden geht über Jahrzehnte, ihre enge Bindung ist in einer tiefen Freundschaft begründet, vielleicht eine Art Mutter-Sohn-Verhältnis, sie hat jedenfalls nichts mit Lassalles Liebesaffären zu tun. Von Frauen fordert Lassalle sonst gänzliche Hingabe, ihm aber sei es nicht möglich, eine Stelle seines Wesens abzutreten. Von einem jungen Mädchen aus guter Familie, mit der ihn seine Schwester verheiraten will, meint er: »Sie gefällt mir vorzüglich, ein Körper wie zur Wollust geschaffen, sie ist heiter und witzig und ziemlich in mich verliebt (nicht energisch).« Und über eine Neunzehnjährige meint er und schreibt dies auch ganz offen an die Gräfin: »... und sie aus bloßer Begehrlichkeit zu verspeisen, dazu ist sie mir wirklich zu respektabel.« Die Begründung für seine Einstellung ist sehr einfach, sie liegt in der allgemeinen und normalen Grundverschiedenheit der Liebe des Mannes und des Weibes, von der er ausgeht. Wobei er sich durchaus im Einklang mit der herrschenden Männermeinung befindet – von erzkonservativ bis ultrarevolutionär.

Ob es sich nun um Geliebte oder bloße Freundinnen handelt – Frauen bedeuten Lassalle im Grunde nichts. Freundschaftliches Frauenelement brauche er nicht, schreibt er der Gräfin, denn dies habe bereits in ihr seine beste und erschöpfende Vertretung, sonst habe er zu Frauen »gerade nur spezielle Beziehung«. Ob seine Beziehung zu Hedwig Dohm nun so eine »spezielle«, also intime ist, wird sicherlich nie ganz zu klären sein, wenn es auch eher unwahrscheinlich ist. Möglich, dass er sie zunächst tatsächlich fasziniert. So tritt sie zum Beispiel auf einem Faschingsfest Lassalle zu Ehren in einem Kostüm als Herakleitos der Dunkle auf. »Von ihrer Seite war es eigentlich Liebe, von der seinen aber nicht«, meint Urenkel Golo Mann zu wissen. Es ist durchaus vorstellbar, dass Hedwig Dohm diesen Ferdinand Lassalle nach einiger Zeit gründlich durchschaut und sich ebendeshalb nicht näher auf ihn einlässt.

In *Schicksale einer Seele* gibt es eine Episode, die sich darauf beziehen könnte und darüber hinaus ein bezeichnendes Licht auf die Art der derzeit üblichen »Affären« wirft: Ein gewisser Wolf Brant, für den sich die Romanheldin Marlene lebhaft interessiert, ist Ferdinand Lassalle auffallend ähnlich. Sie beschreibt ihn als einen kühnen Menschen, »glühend und tief sein Denken, echtes Feuer, das aber die Pose nicht ausschloss. Ein fast schauerlicher Dualismus war in ihm. Schon, dass er – reich und eine Herrschernatur – sich zum Herold der Gleichheit aller Menschen machte, schloss einen immensen Widerspruch in sich.« Als Freund ist er unübertroffen, treu, zu jedem Dienst bereit. Frauen liebt er über alle Maßen, »begriff aber nicht, dass man am Weibe etwas anderes lieben könnte als das Weibchen ... Auf dem Gebiet der Liebe«, so warnte er die Frauen, aber auch seine Freunde, damit sie ihre jungen hübschen Frauen vor ihm hüteten, »gäbe es für ihn keine Schranken, keine Freundschaftsverpflichtungen. Er wisse, dass im gegebenen Moment sein Temperament mit ihm durchgehen würde ... Witz, Munterkeit ließ er beim Weibe gelten als Würze für den Liebesgenuss. Und wenn er zuweilen doch mit zäher Leidenschaftlichkeit um ein Weib warb, so galt die Zähigkeit dem Widerstand, den sie ihm etwa entgegensetzte. Die Liebe wurde ihm eine Machtfrage: Ich will dich, also wirst du mein sein.«

Dann macht er Marlene regelrecht den Hof. Auf einem Fest in einer Laube kommt es beinahe zu einem Kuss. Und eines Abends klingelt er spät an ihrer Tür, aufgewühlt, erregt. Offenbar ist er zu einem Schäferstündchen bei einer Frau gewesen, wurde dort gestört, hat eine andere aufgesucht und nicht angetroffen, und nun steht er bei Marlene im Zimmer, die gerade Wäsche sortiert. »In seinem Ton lag nichts Zärtliches, nur grob leidenschaftliches Verlangen. Ganz Pascha, der einer Favoritin das Taschentuch zuwirft.« Und Marlene begreift schnell, dass es dem Mann, den sie gerne geliebt hätte, gar nicht um sie geht. Er bemüht sich auch gar nicht zu verbergen, dass sie sozusagen Nummer drei auf seiner Liste ist. »Die kleinen, scharfen, merkwürdig spitzen Zähne zwischen seinen halb geöffneten Lippen, das Unstete, Züngelnde seiner Blicke, die zu großen Hände – alles stieß mich ab. Ich vergaß in diesem Augenblick den ganzen Menschen über den – ich finde kein anderes Wort – Brünstigen, der vor mir stand. Eiseskälte durchdrang mich. Ich machte mich von ihm los.« Damit ist die Affäre ausgestanden – für den werbenden Mann kein Moment der Peinlichkeit. Für die junge Frau aber, die bereit gewesen wäre zu lieben, bleibt die bittere Erkenntnis: »So findet das Weib selten in der Liebe ihre Ideen von der Liebe wieder und vor ihrer Vergröberung und Verzerrung schaudert sie.«

In seinen politischen Auffassungen ist Ferdinand Lassalle Hedwig Dohm sicherlich sehr viel näher und für sie interessanter als die bürgerlichen Liberalen vom Schlage ihres Mannes. Aber auch hier enttäuscht er sie, denn er hat sich »prinzipiell und barsch jede Einmischung von Frauen in politische und philosophische Gespräche verbeten«.[18]

In ihrer vierten polemischen Schrift *Der Frauen Natur*

und Recht (1876) geht Hedwig Dohm kurz auf Lassalle ein, kanzelt ihn geradezu ab: »Lassalle sagt in einer seiner Broschüren: ›Der vierte Stand, in dessen Herzfalten kein Keim einer neuen Bevorrechtigung mehr enthalten ist, ist eben deshalb gleichbedeutend mit dem ganzen Menschengeschlecht. Seine Freiheit ist die Freiheit der Menschheit selbst, seine Herrschaft ist die Herrschaft aller.‹ Jawohl, aller, mit Ausnahme der größeren Hälfte des Menschengeschlechts«[19] – der Frauen.

Lernen

»Es gibt überhaupt keinen weiblichen
Geschlechtsberuf, sondern nur einen allgemeinen
menschlichen und einen individuellen.«
Hedwig Dohm,
Der Jesuitismus im Hausstande, 1873

Während der dreißig Jahre ihrer Ehe ziehen die Dohms
häufig um. Sie wohnen meist in der westlichen Vor-
stadt, dem Tiergartenviertel, halb im Grünen zwischen
Gärten, Villen, Ausflugslokalen. Vielleicht liegen die
häufigen Umzüge an der finanziellen Situation der Familie. Denn die ist anfangs alles andere als rosig. Die
Familie wächst schneller als das Einkommen. Im Mai
1854 wird der Sohn Hans Ernst geboren, dann folgen
»Jahr um Jahr ein Töchterchen, vier hübsche, viel versprechende Mädchen«[1]: Gertrude Hedwig Anna (die
spätere Frau Pringsheim, Mutter von Katia Mann), Ida
Marie Elsbeth, Marie Pauline Adelheid (die Mutter
von Hedda Korsch) und als vierte die Tochter Eva.
Ernst Dohm gilt als leichtsinnig in Geldsachen. Er sei
dem *jeu*, dem Glücksspiel, nicht abhold gewesen, ein
kostspieliges Vergnügen der Leute um den *Kladderadatsch*, und habe sich deshalb immer wieder in Schul-
den gestürzt. »Er war eben gar nicht ökonomisch ver-
anlagt.«[2] So jedenfalls berichten es leicht amüsiert mit
halbherzig erhobenem Zeigefinger seine männlichen
Zeitgenossen, die mit besonderer Freude immer wie-

der die Geschichte von dem ausgestopften Affen erzählen, den er für einen Wechsel als Teil der geforder-
ten Darlehenssumme annehmen musste.

Die älteste Tochter erinnert sich: »Recht kümmerlich,
recht bescheiden muss es in der jungen Wirtschaft zu-
gegangen sein.« Immer wieder kleben »komische
kleine, geheimnisvolle Zettel an versteckten Stellen
unserer Möbel«, die manchmal verschwinden, dann
wiederkommen, »eine mysteriöse und spannende Angelegenheit«. Mit diebischer Freude aber erfüllt es sie,
als das Klavier gepfändet und abgeholt wird: »Während die in der Etage unter uns wohnenden alten
Freundinnen und frommen Beschützerinnen der Familie ihr Haupt verhüllten und bitterlich weinten,
führten wir bösen Kinder einen wilden Indianer- und
Freudentanz um das arme kleine Piano, weil wir nun
keine Klavierstunden mehr zu nehmen brauchten.«[3]
An Geburtstagen schenkt Ernst Dohm den Kindern
immer fünf Taler, aber schon wenige Tage später
kommt er dann leicht verlegen: »Ach, könntest du mir
mal deine fünf Taler leihen, ich habe gerade heute kein
Geld im Haus.« Natürlich geben ihm die Kinder das
Geld – und sehen es nicht wieder. Wieweit der Vater
unter diesen Finanzproblemen leidet, vermag die
Tochter nicht einzuschätzen. »Er war so ein seltsames
Gemisch von leichtem Sinn und pedantisch bürgerli-
chem Ordnungsdrang, dass er doch wohl oft recht be-
drückt gewesen sein mag.«

Und die Mutter? »Nie hat ein Mensch schwerere, unerträglichere Geldsorgen auszustehen als die Frau, die mit ihrem Wirtschaftsgelde nicht auskommt. Und diese Sorgen sind nimmer endende«[4], sagt Hedwig später.

Aber in ihrem Hause herrscht trotz aller finanziellen Knappheit, trotz der vielleicht recht belasteten Beziehung zwischen den Eheleuten Dohm eine offene, freundliche Atmosphäre. Offenbar ist Hedwig die Erinnerung an die eigene, freudlose Kindheit noch gegenwärtig. Sie will die Fehler ihrer Mutter nicht wiederholen. Der unbefangene Besucher, wie es Ludwig Pietsch gewesen sein mag, erzählt, wie gerne er das Heim der Dohms wegen des »hier herrschenden feinen und reichen geistigen«[5] Lebens und der fröhlichen, hübschen Kinder und Hedwigs »reizender« Schwestern, die sich öfter einstellten, besuchte.

Die Versorgungspflichten für die kleinen Kinder obliegen selbstverständlich der Mutter und nicht dem Vater. Der hingegen hat alle gesetzmäßigen Rechte bezüglich ihrer Erziehung: »Die Anordnung der Art, wie das Kind erzogen werden soll, kommt hauptsächlich dem Vater zu. Nur diesem gibt das Gesetz Rechte in Bezug auf das Vermögen der Kinder … Das Gesetz unterwirft die Mutter der Bestimmung des Vaters, wie lange sie dem Kinde die Brust gibt.«[6]

Inwieweit sich Ernst Dohm in die Erziehung seiner

Kinder eingemischt hat, ist schwer zu sagen. Seine älteste Tochter erinnert sich an einen überaus zärtlichen Vater, von dem sie nie ein hartes Wort zu hören bekam: »Nur einmal, so geht die Sage, soll er mich als vierjähriges Kind wegen einer hartnäckigen Lüge mit einem Strick gehauen haben, und das hat mir einen so unauslöschlichen Eindruck gemacht, dass ich noch jahrelang jedem Besucher erzählte: ›Gestern hat mir mein Vater aber furchtbar gehauen.‹«

Auch wenn Ernst Dohm möglicherweise in der Erziehung nicht auf seine Patriarchenrolle pocht, die Außenwelt, in diesem Fall die Schule, akzeptiert nichts anderes. Als Hedwig eine Schularbeit ihres sechsjährigen Kindes unterzeichnet, wird auf der Unterschrift des Vaters bestanden, die Unterschrift der Mutter gelte nicht.

Die Kindermädchen sind für die junge Mutter Hedwig ein wirkliches Problem, durchaus nicht nur Entlastung. Sie, die vermutlich so gerne an ihren Kindern wieder gutmachen will, was die eigene Mutter an ihr versäumt hat, kommt gar nicht an ihre Kinder heran – die Kindermädchen verteidigen ihr Terrain: »Die Wärterin meiner Kinder bekam Wutanfälle, wenn ich einmal mein Kind selbst baden, wickeln oder im Garten spazieren fahren wollte. Das sei ihre Sache. Sie empfand mein Eingreifen als eine Ehrverletzung, eine tödliche Kränkung. Und ich, ich suchte heimlich, hinter ihrem Rücken, meinem Kindchen beizukommen. Die Despotin an die Luft zu setzen wäre natürlich vernünftiger gewesen.«[7] Aber dazu ist die junge Hedwig, die auch als gestandene Frau nie den »richtigen« Herrschaftston gefunden hat, überhaupt nicht in der Lage.

In Hedwigs Kreisen wird die Mutterliebe an der Versorgung und Ausstattung der Kinder gemessen. Diesem Druck entgeht auch Hedwig nicht. Sie erzählt später aus ihrem »Jung-Frauenleben«: »Wir hatten ein Gärtchen bei der Wohnung. In dem saß ich oft lange Vormittage und langettierte* Unterröckchen und Schürzchen für meine lieben Kinder, und ich stickte rote Pünktchen hinein, eine mühselige Arbeit für meine talentlosen Finger. Und Unterröckchen und Schürzchen wären ebenso nützlich und sogar feiner gewesen ohne Langetten und rote Pünktchen. Aber – das war Mutterliebe … Oh, wie leidenschaftlich gern hätte ich in späteren Jahren diese vielen verschleuderten Stunden aus dem Schoß der Vergangenheit zurückgehabt, um sie in den Dienst einer für mich und die Kinder fruchtbareren Entwicklung zu stellen.«[8]

Ihre fünf Schwangerschaften sind für Hedwig Dohm jedes Mal ein kleines Martyrium, das sie sogar bis zu Selbstmordgedanken treibt. Ihre Unterleibsprobleme führt sie später auf mangelnde körperliche Betätigung

---

* Stoff mit einem bestimmten Zierstich säumen.

als Mädchen zurück. Ihr persönliches Heilmittel gegen die Qualen der Schwangerschaft besteht in geistiger Arbeit: »Solange ich ruhelos und beschäftigungslos herumlief, war es am ärgsten. Da verfiel ich, um der Qual zu entgehen, darauf, spanische Verse (ich trieb damals gerade Spanisch) ins Deutsche zu übersetzen. Und das waren die einzigen erträglichen Stunden am Tage, wo ich in erregter geistiger Spannung, nach Worten und Reimen suchend, mich selbst und mein Leiden vergaß. Freilich muss ich zugeben, dass von diesen Versübungen her meine Schriftstellerei datiert.«[9]

Außerdem liest sie trotz der Pflichten im Haushalt in den Jahren ihrer Ehe bis zur Veröffentlichung ihrer ersten Schriften unglaublich viel – das zeigt sich allein an der Fülle der Titel, die sie dort zitiert oder als Belege heranzieht. Auch wenn sie später beteuert, wie faul, wie ungebildet sie war, so muss sie doch die Jahre über unglaublich an sich gearbeitet haben. Sie nimmt alle Anregungen aus den Gesprächen in den Salons auf, macht sich über die Bücher ihres Mannes her und besorgt sich selber welche aus Buchhandlungen, denn Bibliotheken sind für Frauen nur mit einem »unverhältnismäßigen Aufwand von Energie und Unbescheidenheit« benutzbar, wie Hedwig einmal sagt. Sie scheint mit Hilfe von Wörterbüchern problemlos englische, französische, spanische und lateinische Texte zu lesen. Diese Arbeit liegt ihr viel mehr als der ihr

57

aufgezwungene Hausfrauenberuf: »Mir z.B. fällt es schwer, die vierwöchige schmutzige Wäsche auszusuchen. Ich bin jedes Mal nach dieser schwarzen Pflichterfüllung todmüde. Wenn ich einen halben Tag am Plättbrett gestanden habe, brauche ich die andere Hälfte des Tages, um mich von dieser tödlichen Strapaze zu erholen. Wenn ich aber in derselben Zeit ein wissenschaftliches Buch lesen oder einen Aufsatz schreiben sollte, es würde mich eine solche Beschäftigung nicht nur nicht angreifen, sondern erfrischen und erfreuen.«[10]

1866 stirbt ihr ältestes Kind und einziger Sohn im Alter von zwölf Jahren an Scharlach. Die Kindersterblichkeit ist zu der Zeit sehr groß. Gegen bestimmte Infektionskrankheiten gibt es keine Heilmittel, oft sind weder die Ursache noch die Art der Ansteckung bekannt. Obwohl der frühe Tod eines Kindes nichts Ungewöhnliches ist, leidet Hedwig Dohm unsäglich unter dem Verlust ihres Sohnes. Noch Jahre später quält sie die Erinnerung an eine ungerechte Bestrafung, die sie ihrem Kind zuteil werden ließ: »Ich selbst, im Unverstand meiner jungen Jahre, schloss einmal mein renitentes Söhnchen auf einige Stunden in einem Zimmer ein, während draußen noch alles Sonne und Lust war. Noch heut – er starb so jung – tönen mir im Ohr seine gellenden Hilferufe: Mach auf! Mach auf! … Jede Mutter, die ihr geliebtes Kind

58

durch den Tod verlor, weiß, wie jeder Schlag, jedes böse Wort, jeder Wunsch, den sie aus Bequemlichkeit oder wenigstens grundlos versagte, auf ihrer Seele brennt.«[11]

In der Zeit, als ihr Sohn stirbt, beginnt Hedwig Dohm ihre erste große schriftstellerische Arbeit. Ob sie diese schon vor dem Tod des Kindes begonnen oder sich erst danach in sie hineingestürzt hat, um ihren Schmerz zu betäuben, ist nicht genau festzustellen. Zumindest wird sie an dem über sechshundert Seiten starken wissenschaftlichen Werk – *Die Spanische Nationalliteratur in ihrer geschichtlichen Entwicklung. Nebst den Lebens- und Charakterbildern ihrer klassischen Schriftsteller und ausgewählten Proben derselben in deutscher Übertragung* – eine lange Zeit gearbeitet haben. Als Erscheinungsdatum wird im Buch 1865–1867 angegeben. Eigentlich hatte der Verleger Gustav Hempel einen Kontrakt mit Ernst Dohm abgeschlossen, und zwar für die Herausgabe eines Handbuchs der englischen Literatur. »Dohm meinte jedoch später, dass das nicht seine starke Seite sei, und bat Hempel, ihn von seinem Vertrage zu entbinden. Dafür sprang seine Frau Hedwig ein und übernahm den dritten Band der Wolffschen Klassikerausgabe in völlig selbständiger Bearbeitung.«[12]

Das Buch ist eine ordentliche wissenschaftliche Leistung. Es ist ein umfassendes Werk in verständlicher, klarer, wortreicher, bildhafter Sprache mit vielen Zitaten in deutscher Übersetzung, die teilweise von ihr selber angefertigt ist. Sie zitiert verschiedene Literaturwissenschaftler, allerdings ohne genaue Quellenangaben. Daneben stellt sie ihr eigenes, erstaunlich selbstsicher vorgetragenes Urteil. Dass dieses Werk aus der Feder einer Frau stammt, wird im Titel nicht vermerkt. Wohl um die Leser nicht zu verprellen, wird als Autorenname nur H. Dohm genannt. Denn wie soll eine Frau wissenschaftlich arbeiten können, wenn sie weder ein Gymnasium, geschweige denn eine Universität besucht haben kann? Dieses »H. Dohm« muss auch die Nationalsozialisten verwirrt haben, denn noch 1940 wird das Buch der nach den Nazi-Rassegesetzen als halbjüdisch geltenden Autorin in der Bibliothek des Iberoamerikanischen Instituts in Berlin angeschafft.

Doch die Arbeit hat den Schmerz über das verlorene Kind nicht vergessen lassen. Wohl aus diesem Grund wird im Winter 1869/70 der Familienhaushalt vorübergehend aufgelöst. Hedwig zieht für ein Jahr zu ihrer Schwester Anna nach Rom. »Vater ging für den Winter nach Weimar, Mutter zu ihrer Malerin-Schwester nach Rom, meine drei jüngsten Schwestern kamen nach Eisenach in eine Pension, nur ich als fanatische Berlinerin blieb bei den Großeltern in der Tiergartenstraße«, erinnert sich die älteste Tochter Hedwig an ihr fünfzehntes Lebensjahr. »Als ich dann im Sommer ebenfalls in die Pension verschickt wurde, besuchte ich auf der Durchreise in Weimar Vater, aus den beabsichtigten Stunden wurde aber eine volle Woche, denn man beging dort eine große Beethovenfeier, der stolze Vater wollte mit seinem hübschen Töchterchen gerne etwas prunken und behielt mich zurück … Ich genoss diesen unverhofften Aufenthalt in Weimar mit all den Berühmtheiten wie Liszt, Frau Biardot, St. Saëns, Turgenjew und wie sie alle hießen, unter denen Vater der allbeliebte Gesellschafter war, in vollen Zügen.«[13]

Die Mutter taucht in die Stadt Rom ein. Sie ist ja nicht das erste Mal im Süden und wieder aufs Neue fasziniert von den Farben, den Gerüchen, der Sonne, dem Klima und natürlich all den Kunstschätzen, den Erinnerungen an das antike Rom. Sie erforscht aber nicht nur die Sonnenseiten der Stadt, sie ist entsetzt über das Elend im Judenghetto, über die schreiende Armut, die sie dort und in anderen Elendsvierteln auf Schritt und Tritt verfolgt. Später hat sie ihre Erfahrungen in verschiedenen Novellen und Romanen verarbeitet.

Allein, ohne Mann und Kinder, ohne Haushaltsverpflichtungen, hat sie vermutlich viel Zeit zum Nachdenken. Reifen hier schon die ersten Gedanken für ihre polemischen Schriften? Inzwischen weiß sie ja, dass sie schreiben, diszipliniert arbeiten kann. Jedenfalls bekommt sie ganz sicher Anregungen und Anstöße für ihre späteren Arbeiten. Sie lernt zum Beispiel eine schwarze Bildhauerin kennen, Tochter einer befreiten Sklavin aus den Vereinigten Staaten von Amerika. Inzwischen haben die Nordstaaten den Bürgerkrieg gewonnen, den Hedwig Dohm mit viel Anteilnahme verfolgt hat. Die Emanzipation der Sklaven mag ihr für den Wunsch nach der Emanzipation der Frauen Ansporn gewesen sein, der letzten Menschen nach den Juden, die im preußischen Staat nicht die gleichen Rechte wie alle anderen haben.

Im katholischen Rom erlebt sie nun die maßlose Erhöhung der Frau, die inbrünstige Anbetung der Jungfrau Maria. Hedwig mag eine Weile sogar selber von dem schillernden Mystizismus, dem Weihrauch und Gesang angezogen gewesen sein, spricht dies doch ihr schwärmerisches Wesen an, das sie von Kindheit an zu phantastischen Träumereien verführt hat und das sie später in ihrer schriftstellerischen Arbeit auslebt. Aber die Erhöhung der Frau ist nur die eine Seite der Medaille: »Als ich vor einigen Jahren in Rom in Begleitung mehrerer Herren in irgendeiner Kapelle eine Reliquie sehen wollte, ließ man die Herren eintreten, mich aber wies man mit dem Bemerken zurück, dass es unehrerbietig gegen die Kirche sein würde, einer Frau solche Reliquien zu zeigen.«[14]

Der Krieg zwischen dem Norddeutschen Bund und Frankreich zwingt Ernst Dohm wieder auf seinen Redakteursplatz nach Berlin. Auch Hedwig kehrt zurück. »Im Herbst 1870 fand sich die Famiie in der neu eingerichteten Wohnung in der Magdeburger Straße zusammen, die Gehälter der ›Gelehrten des Kladderadatsch‹, die nun in eine Art Teilhaberverhältnis eingetreten waren, wurden wesentlich aufgebessert, und von da ab lebten wir wohl in ziemlich rangiertem Zustand, ganz gesellig und angenehm.«[15]

Kampfansage

*»Kleine Vorpostengefechte müssen den
großen Schlachten vorausgehen.«
Hedwig Dohm,
Der Frauen Natur und Recht, 1876*

Als Hedwig Dohm 1870 in Berlin wieder mit ihrer
Familie zusammentrifft, ist sie schon beinahe zwanzig
Jahre verheiratet, eine reife Frau von neununddreißig
Jahren – und doch wirkt sie auf einem Foto aus diesem Jahr recht jung. Mit großen Augen richtet sie entschlossen den Blick nach vorn. »Schön war sie und
reizend; klein und zierlich von Gestalt, mit großen,
grünlich braunen Augen und schwarzen Haaren, die
sie auf Jugendbildnissen noch in schlichten Scheiteln
aufgesteckt trug, später aber abgeschnitten hatte und
die dann halblang und leicht gewellt ihr wunderbares
Gesicht umrahmten«[1], weiß ihre Tochter Hedwig zu
berichten.

Das Jahr in Italien ohne Familie hat Hedwig Dohm
zum gesellschaftlichen Leben in Berlin und zu ihrer
Familie Abstand gewinnen lassen, hat ihr Zeit gegeben, ihre Erinnerungen und Gedanken zu sammeln.
Ihre Töchter sind aus dem Gröbsten heraus – die älteste ist fünfzehn, die jüngste etwa zehn Jahre alt. Die
Finanzen sind einigermaßen in Ordnung. Hedwig bewegt sich sicher in ihrem Haushalt und in der Gesell-

schaft, gilt als gute Mutter. Mit dem Mann hat sie sich arrangiert. Aber ob sie glücklich ist?

Etwa zu der Zeit schreibt sie den Satz: »Darum sind die Frauen unglücklich, weil sie sein sollen, was sie in Wirklichkeit nicht sind.«[2] Die Rolle, die sie bis jetzt in ihrem Leben brav gelernt und ordentlich ausgefüllt hat, entspricht nicht im Mindesten dem, was sie sich als Kind erträumt, ja sogar als Auftrag Gottes, als Stimme ihrer Natur empfunden hat: Dichterin zu werden. Diese Stimme hörte sie »bald nur noch wie im Traum, ich durfte ihr nimmermehr folgen«[3]. Doch nun greift sie zur Feder und schreibt sich all das von der Seele, womit sie sich zeit ihres Lebens beschäftigt hat: mit der gesellschaftlichen Einschränkung und Unterdrückung der Frauen, ihrer angeblichen Minderwertigkeit, Andersartigkeit, Beschränktheit, biologischen Bestimmung. Bei ihren privaten Studien hat sich Hedwig Dohm schließlich auf die Thematik der »Frauenfrage« konzentriert, an der sie »leidenschaftlich« Anteil nimmt, sowohl unter historischen als auch aktuellen Gesichtspunkten. Sie hat Romane von George Sand, George Eliot (zwei Frauen, die sie sehr schätzt) und die Schriften der Frühsozialisten gelesen. Sie hat sich mit den Arbeits- und Ausbildungsbedingungen der Frauen beschäftigt, die in Handel, Industrie und Gewerbe tätig sind, hat aufmerksam registriert, was sie auf der Straße, dem Markt, in den Geschäften, auch auf gelegentlichen

Reisen aus dem Alltag dieser Frauen wahrgenommen hat.

Den Proletarierfrauen werden die schwersten, am schlechtesten bezahlten Arbeiten überlassen. Sie müssen arbeiten, um die materielle Existenz der Familie zu sichern, und dazu auch noch den Haushalt und die Kinder versorgen. Der Arbeiter ist seiner Frau dabei keine Hilfe und auch er will sie im Haus wissen. Die Bürgerfrauen hingegen streben ins Berufsleben, um sich aus der unbefriedigenden Hausfrauenrolle zu emanzipieren, was allerdings auch zum großen Teil mit handfesten wirtschaftlichen Interessen Hand in Hand geht. Denn für diese Frauen bedeutet die Ehe die einzige Möglichkeit der materiellen Versorgung. Allerdings hat sich durch die vielen Kriege das Männer-Frauen-Verhältnis zugunsten einer Überzahl von Frauen so verändert, dass gar nicht alle heiraten können, selbst wenn sie es wollten. Die bürgerlichen Familien der Beamten, Lehrer, Künstler, Schriftsteller, Kaufleute haben im Gegensatz zum Adel, den Bankiers- und Fabrikantenfamilien nicht die finanziellen Mittel, unverheiratete Töchter ihr Leben lang zu versorgen. Auch die unversorgten Witwen sind auf Erwerbsarbeit für den eigenen Unterhalt angewiesen. So steigt die Zahl der Prostituierten erheblich – denn diese Art von Erwerbstätigkeit ist zu allen Zeiten von den Männern mehr als nur geduldet worden.

Hedwig Dohm schreibt – wie sie selber immer wieder betont – aus der Sicht ihrer bürgerlichen Klasse, denn da kennt sie sich am besten aus. »Selbst erlebte Wahrheiten sind unanfechtbar«[4], sagt sie selbstbewusst, und diese »Wahrheiten« bilden auch das Fundament für ihre vier polemischen Schriften, die in den folgenden Jahren erscheinen: *Was die Pastoren von den Frauen denken* (1872), *Der Jesuitismus im Hausstande* (1873), *Die wissenschaftliche Emanzipation der Frau* (1874) und *Der Frauen Natur und Recht* (1876).

Ihre Forderungen sind grundsätzlicher Art. Tagespolitik sieht sie nicht als ihre Aufgabe, denn die wird sowieso nur aus männlicher Sicht, in männlichem Interesse betrieben. Ihr Interesse gilt den Frauen, die im politischen Leben nicht vorkommen, obwohl sie allen Entscheidungen der Männer unterworfen sind. »Es gibt keine Freiheit der Männer, wenn es nicht eine Freiheit der Frauen gibt. Wenn eine Frau ihren Willen nicht zur Geltung bringen darf, warum soll es der Mann dürfen? Hat jede Frau gesetzmäßig einen Tyrannen, so lässt mich die Tyrannei kalt, die Männer von ihresgleichen erfahren. Einen Tyrannen für den anderen.«[5]

Hedwig Dohms Pamphlete sind eine Kampfansage gegen die Herrschaft der Männer über die Frauen, die auch heute trotz aller politischen Veränderungen, die es inzwischen gegeben hat, wie eh und je besteht.

Hedwig Dohms Schriften erscheinen während der ersten Jahre des neu gegründeten Deutschen Reiches, dessen Zentrum die sich rasant vergrößernde Stadt Berlin wird. 1871 hat der Norddeutsche Bund den Krieg gegen Frankreich gewonnen, die deutschen Könige und Fürsten haben den König von Preußen Wilhelm I. zum Kaiser des Deutschen Reiches proklamiert. Der Traum von einem geeinigten Deutschland scheint erfüllt. Allerdings unter völlig anderen Umständen, als sich die Revolutionäre von 1848 das vorgestellt haben. »Mit Blut und Eisen« ist diese deutsche Einheit nach drei Kriegen geschmiedet worden. Außerdem behalten die einzelnen Staaten relativ viel Freiheit und der Kaiser ist nicht vom Volk gewählt worden. Von einer Republik ist nicht die Rede. Die Reformen werden von oben durchgesetzt, der Kaiser und sein Reichskanzler Bismarck verfügen immer noch über enorme Macht im Staat.

Seit 1867 gibt es das allgemeine gleiche Wahlrecht, das Frauen allerdings wie selbstverständlich ausschließt. Der Reichstag, dem Bismarck eine Art Akklamatorenrolle für seine Politik zugedacht hat, wird zum Forum der widerstreitenden gesellschaftlichen Kräfte. Die Arbeiterbewegung hat sich organisiert, wenn auch in verschiedenen Strömungen. 1863 wird in Leipzig mit Lassalle der Allgemeine Deutsche Arbeiterverein gegründet, 1869 in Eisenach die Sozialdemokratische Deutsche Arbeiterpartei mit Bebel und Wilhelm Liebknecht. Hinter den Nationalliberalen stehen Industrie und Handel. Ihren ökonomischen Interessen kommt die Reichsgründung und das damit entstandene einheitliche Zoll- und Handelsgebiet sehr entgegen. Die Konservativen vertreten Junker, Adel und Großbesitz, das Zentrum die katholische Kirche, die im mehrheitlich protestantischen Staat unterzugehen fürchtet.

Bis 1908 bleiben die Vereinsgesetze der unterschiedlichen Länder in Kraft, die in Preußen zum Beispiel Frauen (wie Schülern und Lehrlingen) die Mitgliedschaft in Vereinen, »welche bezwecken, politische Gegenstände zu erörtern« (Paragraph 8), sowie die Beteiligung an deren Versammlungen verbieten. Politik und Wirtschaft liegen also nach wie vor fest in den Händen der Männer, und die sind auch nicht gewillt, davon abzugehen, egal welcher politischen Fraktion sie angehören. Selbst die Sozialdemokraten, die doch so vehement für die Rechte der Unterdrückten eintreten, brauchen lange, bis sie den Frauen die gleichen Rechte wie den Männern einräumen. Erst 1891 im Erfurter Programm können sie sich dazu durchringen.

Trotzdem: Die Frauenfrage ist im Gespräch. An der 48er Revolution waren Frauen beteiligt. Louise Otto-Peters hatte in der von ihr herausgegebenen *Frauen-Zeitung* die Beteiligung der Frauen am Staatsleben gefordert, sie hätten dazu nicht nur das Recht, sondern die Pflicht. Und sie hatte sich mit der Lage der Arbeiterinnen auseinander gesetzt, deren Erwerbstätigkeit von den Männern als Konkurrenz und Lohndrückerei empfunden wird – eine Haltung, die später insbesondere von den Lassalleanern nachdrücklich vertreten wird. Das preußische Pressegesetz von 1852, das Frauen die Redakteurstätigkeit untersagt, das erwähnte Vereinsgesetz sowie das allgemeine Klima der Reaktion erstickten jedoch diese und andere viel versprechende Ansätze der Frauen.

In den sechziger Jahren rückt dann die Auseinandersetzung um Bildung und Berufstätigkeit der Frau in den Vordergrund – sicherlich beeinflusst durch die Ereignisse in anderen Ländern, die auf diesem Gebiet schon viel weiter sind. In den USA ist es Frauen bereits möglich zu studieren. In England hat es schon 1848 einen Frauenkongress gegeben.

1865 findet die erste Frauenkonferenz Deutschlands statt, die den *Allgemeinen Deutschen Frauenverein* gründet. Gemäß dem politischen Klima bleiben die Ansprüche, die an die Männergesellschaft gestellt werden, recht bescheiden. Hauptforderungen sind das Recht auf Bildung und Arbeit, wobei es allerdings erhebliche Einschränkungen gibt. Denn für längst nicht alle Ausbildungen und nicht für alle Arbeiten halten sich die Frauen geeignet oder sie beschränken sich zumindest aus taktischen Gründen. Die Forderung nach politischer Gleichberechtigung wird als unrealistisch verschoben.

In Berlin wird 1866 der *Verein zur Förderung der Erwerbsfähigkeit des weiblichen Geschlechts* von Adolf Lette gegründet, der ab 1869 *Lette-Verein* heißt (und den es noch heute gibt). 1867 fordert der *Alice-Verein* höhere Mädchenbildung und die Zulassung der Frauen zum Abitur. 1868 wird das *Viktoria-Lyceum* in Berlin gegründet: »Jeder Kursus – man lehrt Geschichte, Geographie, Kunstgeschichte, Literaturgeschichte der verschiedenen lebenden Sprachen usw. – ist auf sechzehn Stunden angelegt und wird mit drei Talern bezahlt«, eine Summe, die dem Kostgeld eines Dienstmädchens entspricht. »Unter den Zuhörenden befinden sich Frauen aller Lebensalter: Matronen, junge Frauen und Mädchen.«[6] So beschreibt Fanny Lewald in ihrer 1870 in Berlin erschienenen Schrift *Für und Wider die Frauen* diese neue Schule, die sie an sich ganz schön findet – nur eben viel zu luxuriös. Es fehle nicht die Turmspitze, sondern ein ordentliches Fundament. »Realschulen haben wir zu fordern – da wir Steuern zahlen wie die Männer ... Es ist keine Wohltat, die man uns zu erzeigen hat, es ist ein Recht, das man uns einräumen muss und wird.«

Fanny Lewald Stahr, die jüdische Schriftstellerin aus Ostpreußen, verkehrt in denselben Kreisen wie Hedwig Dohm. Ob sie miteinander über diese Themen gesprochen haben?

Hedwig hat Fanny Lewald Stahrs Schrift genauso gekannt wie auch das Buch des Engländers John Stuart

Mill *Über die Hörigkeit der Frau*, das 1869 in England und 1872 in deutscher Übersetzung erscheint und in dem er die politische Gleichberechtigung der Frau fordert. Und Hedwig hat aus der Ferne, durch die Lektüre englischer Zeitungen, sehr inensiv die Debatte im englischen Parlament um die Stimmberechtigung der Frau verfolgt, die in der deutschen Öffentlichkeit allerdings kaum beachtet wird. Es lässt sich nicht herausfinden, ob Hedwig überhaupt jemanden hat, mit dem sie über diese Themen, über ihre Schreiblust sprechen kann. Ihr Mann habe sie wohl nicht zum Schreiben ermutigt, heißt es bei der ältesten Tochter, sie aber auch nicht daran gehindert.

Aktueller Anlass für ihre erste Schrift, *Was die Pastoren von den Frauen denken*, ist das Erscheinen zweier Broschüren, in denen zwei fromme Herren ihre Ansichten zur Frauenfrage darlegen. »Trotz aller Trivialität« dieser Texte will sie ihnen eine kurze Beleuchtung widmen, weil »die Verfasser, streng konservative Herren, im Großen und Ganzen wohl auch in der Frauenfrage die Anschauungen ihrer einflussreichen Parteien vertreten, die Orthodoxen in der Kirche, die Konservativen in der Politik«. Und außerdem hat einer der beiden den besonderen Wunsch ausgedrückt, widerlegt zu werden. Diese Broschüren werden sicherlich der letzte Tropfen gewesen sein, der das Fass zum Überlaufen gebracht hat – frauenfeindliche Texte von

Männern (und seien sie noch so gescheit) sind ja nichts Neues. In einer späteren Schrift zitiert sie zum Beispiel den berühmten Philosophen Schopenhauer: Frauen seien »zeitlebens große Kinder ... – eine Art Mittelstufe zwischen dem Kinde und dem Manne, welcher der eigentliche Mensch ist«. Die Frau solle durch Polygamie auf »ihren richtigen und natürlichen Standpunkt als suboniertes Wesen zurückgeführt« werden. Oder Lessing: »Die Frau, die denkt, ist gleich dem Manne, der Rot auflegt – lächerlich.« Voltaire: »Ideen sind den Bärten gleich, die Jugend und die Frauen haben keine.«[7]

Mit nahezu unglaublicher Selbstsicherheit entlarvt Hedwig die dümmliche, widersprüchliche und unwissenschaftliche Anmaßung der beiden Herren Pastoren, den Frauen eine von ihnen beschiedene Rolle anweisen zu wollen: Der Gegensatz zwischen Mann und Frau sei wie der zwischen Kopf und Herz; Milde, Sanftmut und Stille seien weibliche Gemütsart gegenüber der Charakterstärke und Energie des Mannes; die Unterordnung des weiblichen Geschlechts unter das männliche in der Ehe sei naturnotwendig. Respektlos (»Mehr Gedächtnis, Herr von Nathusius!«), frech karikierend (»Bemerkungen von historischem Tiefsinn!«), scharf analysierend nimmt sie diese Thesen auseinander, zerpflückt und zerrupft sie buchstäblich. Sie, die zeit ihres Lebens über schlechte Bildung geklagt hat, erweist sich hier diesen studierten Herren

weit überlegen. Geschickt verknüpft sie Wissen (emp-
fiehlt den Herren auch das eine oder andere wissenschaftliche Werk), logisches Denken und die Erfahrungen, die sie in zwanzig Jahren des stillen, aber
umso kritischeren Beobachtens gesammelt hat. Sie
weist nach, dass »Phrasen, kraft männlicher Macht-
vollkommenheit zu Naturgesetzen gestempelt, die so-
zial begrenzte Stellung des weiblichen Geschlechts
rechtfertigen sollen«, obwohl es einzig und allein die
Sitte beziehungsweise historische Zustände sind, die
das Verhältnis von Mann und Frau bestimmen – wobei alle Vorteile eindeutig auf Seiten der Männer liegen. Kein Wunder, dass die ihre Rechte so zäh und
mit noch so floskelhaften und unhaltbaren Behauptungen zu verteidigen suchen.

Hedwig Dohm will nicht behaupten, dass Mann und
Frau seelisch und intellektuell gleichartig wären – nur,
wo nun genau die natürlichen Unterschiede liegen
mögen, vermag sie genauso wenig wie alle Wissenschaftler zu sagen. So beschränkt sie sich darauf zu
beweisen, was ihrer Meinung nach der Frau nicht von
Natur aus angeboren ist.

Der weibliche Organismus sei angeblich zarter (übrigens auch heute noch eine beliebte Argumentation).
Wie aber können die Frauen der niederen Schichten
dann so schwer schuften?, fragt Hedwig nach. Oder
würden all die Herren zwecks Schonung der zarten
Frauenkörper auf ihre Wasch- und Scheuerfrauen ver-

zichten wollen? Und seien die Frauen nicht deswegen so häufig krank, weil ihrem natürlichen Bewegungsdrang von klein auf Einhalt geboten wird? Und weil sich die Frauen schämen, zu männlichen Ärzten zu gehen?

Viele Argumente, die Hedwig Dohm so souverän zurückweist, mögen sich heute lächerlich, überholt anhören, aber wenn man sie in die Sprache der heutigen Zeit übersetzt, dann bleibt vieles noch erstaunlich aktuell. Ist nicht sogar in Teilen der Frauenbewegung von der besonderen Art der Frau die Rede, der weiblichen Sensibilität, der Mütterlichkeit und so weiter? Hedwig Dohm setzt dem die Persönlichkeit eines Individuums entgegen, das umso eigenartiger, origineller werde, je vielseitiger und vollkommener alle Fähigkeiten ausgebildet würden. Je nach Neigung und Interessen würden sich Männer und Frauen den ihrer Persönlichkeit entsprechenden Tätigkeiten zuneigen, wenn die Gesellschaft, die »Sitte«, den Raum und die Ausbildung dafür böten. Wenn es der Frau von Natur aus bestimmt sei, im Haus zu verbleiben, dann wäre sie ja wohl mit dem Besen in der Hand auf die Welt gekommen!

Hedwig Dohm macht auch vor der Institution der Ehe nicht Halt, die zu ihrer Zeit vielfach eine Konvenienzehe ist – Frauen heiraten, um versorgt zu werden, Männer heiraten reiche Frauen, um sich aller Finanzsorgen zu entledigen. Hedwig Dohms grundsätzliche Einstellung zur Ehe: Sie verlangt eine auf gleichen Voraussetzungen mit gleichen Rechten auf wirklicher Liebe basierende Partnerschaft – und eine wesentliche Voraussetzung dazu sind Bildung und ökonomische Unabhängigkeit der Frau. Denn die Frau habe – und da bezieht sie sich auf John Stuart Mill – den Zweck ihres Daseins in sich selbst, also nicht im Manne.

Hedwig Dohm rechnet damit, dass sie angefeindet, der Lächerlichkeit preisgegeben, der Unsittlichkeit bezichtigt wird. Sie weiß, dass sie mit ihren Gedanken dem entgegentritt, was die Mehrheit denkt. Sie ist jedoch der festen Überzeugung, »dass die eigentliche Geschichte der Menschheit erst beginnt, wenn der letzte Sklave befreit ist, wenn das Privilegium der Männer auf Bildung und Erwerb abgeschafft, wenn die Frauen aufhören, eine unterworfene Menschenklasse zu sein – die Fesseln der einen binden alle«, und deshalb publiziert sie trotz möglicher Schmähungen und Vorwürfe.

Es sind jedoch nicht nur die Männer, mit denen sie sich auseinander setzen muss. Viele, allzu viele Bürgerfrauen sind ja durchaus zufrieden mit ihrer Rolle und verteidigen diesen »Besitzstand« mit Klauen und Zähnen, sind sich eher untereinander feind als den Männern. Sie gehen auf in ihrem »Hausfrauentum«, finden dort Bestätigung, Existenzberechtigung. Hedwig Dohm hält dies nun allerdings für pure Heuchelei, dahinter verbergen sich Dummheit, Neid und Arroganz. Bei diversen Nachmittagskaffees – auch in den kleineren Städten in der Provinz, wohin Hedwig öfter reist – hat sie reichlich Gelegenheit, Klatsch und Tratsch der Frauen mitzuerleben, deren Gesprächsthemen sich häufig genug um die mangelnden Hausfrauentugenden anderer drehen. Was die eine zum Essen vorsetzt, die andere verschwendet, die Dritte an Arbeiten außer Haus gibt. Erzählt eine von den schief sitzenden Kragen eines jungen Mädchens, weiß schon die andere zu berichten, dass jenes Mädchen sich für Literatur interessiere – kein Wunder also.

Hedwig schweigt höflich, sucht keinen Streit, keine Auseinandersetzung, nur hier und da gibt sie vorsichtig ihre Meinung preis. Auf dem Papier aber, da nimmt sie kein Blatt vor den Mund.

Bereits ein Jahr nach ihrer ersten Schrift veröffentlicht sie ihren gesammelten Zorn über diese so tugendsamen und in ihren Augen so überflüssigen Hausfrauen in einem kleinen Buch, das sie *Vom Jesuitismus im Hausstande* nennt – sie will gegen die Heuchelei ihrer Zeit angehen:

Die bürgerliche Hausfrau der siebziger Jahre ist längst Nutznießerin des gewaltigen technologischen Umschwunges ihrer Zeit. Nähmaschinen, Zündhölzer, Wasserleitungen und Gaslicht im Haus haben die Arbeit wesentlich erleichtert. Das Haus ist nicht mehr Produktionsstätte von Gütern für das alltägliche Leben – dafür gibt es inzwischen Fabriken – und damit hat sich die Rolle der Hausfrau entscheidend verändert. Doch statt den bürgerlichen Frauen nun verstärkt andere Tätigkeiten – Bildung oder Erwerbsarbeit – zu ermöglichen, wird die Hausfrauentätigkeit zum Ideal stilisiert, als höchste Tugend einer Frau, deren Leben nur dem Gatten, dem Haushalt, den Kindern gehöre. Die moderne, so genannte »gute« Hausfrau sei nichts weiter als eine Ausgeburt krankhafter sozialer Zustände, sagt Hedwig Dohm, eine Karikatur der Hausfrau früherer Jahrhunderte, Hemmschuh für edlere Bestrebungen der Frauen und für den idealen Aufschwung des Mannes. In ebenso scharfem und geschliffenem Stil wie in ihrer ersten Schrift beschreibt sie voller Ironie eine um die andere Szene aus dem Hausfrauendasein, um ihren Standpunkt ausführlich zu belegen. Dabei entsteht ganz nebenbei ein treffliches Sittenbild ihrer Zeit.

Wie so viele ihrer Zeitgenossen ist Hedwig Dohm hingerissen vom technischen Fortschritt, dem sie eine wichtige Rolle in der Befreiung der Frau zumisst. Und sie ist beeinflusst von den Vorstellungen der Frühsozialisten über Gemeinschaftsleben. So kann sie sich durchaus vorstellen, die familiäre Wirtschaft als solche aufzulösen – für ihre Zeit, ja selbst noch für die heutige, eine revolutionäre Vorstellung. »Es wird die

Zeit kommen, wo … das Herdfeuer erlöschen wird, um in großartig angelegten Küchen umso heller zu lodern.«[8] Sie träumt von großen Waschhäusern mit komplizierten Maschinen, von paradiesischen Kindergärten, von Schneiderinnenwerkstätten. Damit wäre eine Voraussetzung gegeben, die Zwangsgemeinschaft einer Ehe, die nicht auf Liebe und Partnerschaft beruht, zu lösen. Sie will die Frauen von allen Fesseln befreien, »denn es gibt keinen weiblichen Geschlechtsberuf, sondern nur einen allgemein menschlichen und einen individuellen«.

Auch wenn sie es nur selten explizit äußert, so ist doch ersichtlich, dass für Männer das Gleiche gilt. »Ist ein Mann weniger ein Mann, wenn er sanft und bescheiden ist, voll Aufopferung und liebevollen Gemüts? … Hört ein Mann auf, ein Mann zu sein, wenn er in der Küche beschäftigt ist und Koch lernt oder weil er an der Nähmaschine sitzt und Schneider gelernt hat?«

Doch bis zur Verwirklichung der Utopie des aufgelösten Privathaushaltes gilt für Hedwig Dohm: Alle Hausarbeit könnte professionell verrichtet werden, von eigens dazu ausgebildeten und für ihre Arbeit entlohnten Menschen. Sie verlangt aber für alle Dienstboten ordentliche Bezahlung, gute Behandlung, vernünftige Arbeitsbedingungen. Hedwig Dohm ist sich darüber im Klaren, dass der Bruch mit der Hausfrauenrolle natürlich verstärktes öffentliches Auftreten der Frauen nach sich ziehen würde – wogegen die Tugendwächter sofort Sturm laufen. Hedwig Dohm jedoch dreht den Spieß um: Der freie öffentliche Verkehr von Männern und Frauen »hat eine Gesittung der Männer zur Bedingung, die wir häufig noch vermissen«. Und sie folgert: »Das Geschlecht ist doch nicht das Unanständige bei den Männern; ihre Rohheit ist es – ist das wirklich ein unabänderlicher Charakterzug des Mannes?« Wenn eine Frau öffentlich auftrete, um Männer zu amüsieren, dann habe niemand etwas dagegen. Wenn sich aber aus ihrem öffentlichen Auftreten eine Konkurrenz für den Mann ergebe, dann werde die Tugendgeißel geschwungen. »Und außerdem, ihr Herren, sind denn die Frauen bloß auf der Welt, um alles zu vermeiden, was der Tugend der Männer zum Fallstrick werden könnte? Könnten nicht die Männer ab und zu selber was für ihre Tugend tun?«

Im letzten Teil dieser Schrift widmet sie sich schließlich der entscheidenden Frage, wie nun der Kampf der Frauen um Emanzipation vonstatten gehen könne: Die Frauen müssen das Stimmrecht erhalten, müssen sich am politischen Leben beteiligen. Eine kühne Forderung, wenn man bedenkt, wie lange es gedauert hat, auch nur den Männern aller Klassen politische Rechte zu erkämpfen. In keinem der philosophischen, politischen und nationalökonomischen Büchern, bemerkt Hedwig Dohm, kommen Frauen vor. Von Menschen sei zwar die Rede, aber »durch das Volk und für das Volk« bedeute auch bei den politisch radikalsten Experimenten immer nur: »durch die eine Hälfte des Volkes für die andere Hälfte ... Bisher hat der Mann unumschränkt geherrscht. Und das Resultat? Schlagen wir ein beliebiges Blatt der Geschichte auf: Kampf und Blut, Aberglauben und sittliche Verkommenheit, soziales Chaos ... Für mich liegt der Anfang alles wahrhaften Fortschritts auf dem Gebiet der Frauenfrage im Stimmrecht der Frauen. Die Gesetze ... sind gegen sie, weil ohne sie.«

Und damit geht sie viel weiter als die Frauenbewegung ihrer Zeit, über deren beschränkte Ziele sie sich geradezu lustig macht: »Die guten deutschen Frauen placken sich damit ab, einige Verbesserungen an Mädchenschulen vorzuschlagen, kleine, niedliche Fortbildungsanstalten zu errichten, die natürlich, da ihnen nur untergeordnete Lehrkräfte zu Gebote stehen, keine wesentliche Wirkung hervorbringen können ... Unsere bescheidenen Frauen schmachten nach einer kleinen Anstellung am Post- oder Telegrafenamt ...«

Hedwig Dohm kennt keine Grenzen für die Tätigkeit von Frauen, es müsse »der Frau gestattet sein, Eisen zu schmieden und das Griechische zu erlernen, wie sie die Lust und die Kraft dazu fühlt«. Sie solle wählen und sich ins Parlament wählen lassen können. Nur: Freiwillig werden sich die Männer ihrer Macht nicht begeben. »Was das Interesse der herrschenden Klasse verletzt, hat von jeher Revolutionen hervorgerufen, und der Kampf wird umso erbitterter sein, je größer und mächtiger die angegriffene Partei ist (in diesem Fall die Hälfte des Menschengeschlechts).«

Die Reaktion bleibt nicht aus. Im Leipziger Tageblatt erscheint kurz nach der Veröffentlichung von Hedwig Dohms Schrift eine kurze Besprechung eines Herrn Wistling, in der es unter anderem heißt: »Im Anhange tritt die Schrift ein für das Stimmrecht der Frauen. Seit den Tagen, wo ein volkstümlich drastisches Räuberstück über Deutschlands Bühnen ging, das eine Hedwig zur Heldin hatte, dürfte keine Trägerin dieses Namens mit solchem Eklat in die Öffentlichkeit getreten sein wie unsere Berliner Pamphletistin.«[9] Mit den Worten »Eklat« und »Pamphletistin« wird Hedwig Dohm in die Ecke der Renitenten abgeschoben, eine inhaltliche Replik scheint nicht angebracht.

Auch die Frauen aus der Frauenbewegung fühlen sich durch die Radikalität von Hedwig Dohms Forderungen angegriffen. Im *Frauen-Anwalt*, der Zeitschrift des *Lette-Vereins*, rezensiert Jenny Hirsch Hedwig Dohms Arbeit mit bissigen Worten: »Was tut das Buch? Belehrt es? Nein. Deckt es soziale Gebrechen auf und weist Mittel zu deren Heilung nach? Nein. Gibt es Wege an, auf denen die Frauenfrage gelöst werden kann? Ja, einen, das Stimmrecht und die Wahlfähigkeit der Frauen, welche Errungenschaften aber die Verfasserin für Deutschland noch frühestens in 50 Jahren erwartet. Inzwischen wirft sie den bestehenden Einrichtungen den Fehdehandschuh hin, spottet über die Irrtümer und Vorurteile, die wir auch als solche anerkennen, die uns oft genug in den Weg treten und mit Zorn erfüllen, die man aber auf diesem Weg nicht aus der Welt schafft, sondern nur noch eingefleischter und halsstarriger macht. Inzwischen sieht sie mitleidig auf die guten deutschen Frauen herab ... Ja, geehrte Frau, es sind wirklich sehr kleine, bescheidene Anfänge und die sich damit ›abplackenden‹ Frauen wissen das auch recht gut.«[10]

Doch Hedwig Dohm lässt sich nicht entmutigen. Als Antwort veröffentlicht sie kurze Zeit später zwei weitere Broschüren, die sich ebenfalls mit dem Thema der Emanzipation der Frau befassen, wobei sie sich mit der ersten tatsächlich etwas bescheidener gibt und nur das fordert, was durchaus im Rahmen des Erreichbaren zu sein scheint. Hier geht es um *Die wissenschaftliche Emanzipation der Frau*, das heißt ihre Berechtigung zum Studium und der beruflichen Anwendung des Gelernten.

Selbst das ist Anfang der siebziger Jahre im deutschen Kaiserreich noch eine recht utopische Forderung. Gymnasien für Mädchen gibt es nicht, die Universitäten sind Frauen verschlossen. Wer studieren will und die finanziellen Mittel dazu hat, muss nach Zürich oder Amerika gehen. Berlins erste Zahnärztin Henriette Tiburtius zum Beispiel, von der sich Hedwig Dohm behandeln lässt, hat ihre Ausbildung in den USA gemacht, nachdem ihr von den Berliner Behörden die Erlaubnis für eine Praxis versprochen worden ist. 1872 heiratet sie, bekommt zwei Kinder, übt aber weiterhin ihren Beruf aus. Ihre Schwägerin Franziska Tiburtius hat in Zürich Medizin studiert und lässt sich 1876 gemeinsam mit einer Kollegin in Berlin als Ärztin nieder, darf allerdings nur Frauen und Kinder behandeln. »Als Dr. Lehmus und ich zuerst nach Berlin kamen«, schreibt Franziska Tiburtius in ihren Erinnerungen, »freuten sich die Witzblätter: Der *Kladderadatsch* brachte eine reizende Darstellung der Ereignisse in der Klinik der weiblichen Ärzte Dr. Romulus und Dr. Remus, die sich natürlich beide in den gleichen Patienten verlieben und in bittere Feindschaft zueinander geraten. Es erwies sich als vorzügliche Reklame. Der Zufall wollte, dass ich bald darauf den unvergesslichen Ernst Dohm, den Herausgeber des *Kladderadatsch*, in einer Gesellschaft kennen lernte. Es gab eine überaus anregende Plauderstunde mit dem sprühend geistvollen und liebenswürdigen Herren; wir haben herzlich miteinander gelacht, und er gab mir das feierliche Versprechen, uns künftig in Ruhe zu lassen, was er auch treulich gehalten hat.«[11] Äußerer Anlass für diese dritte Polemik von Hedwig Dohm sind wieder die Ergüsse zweier Wissenschaftler, die in ihren Arbeiten nachweisen wollen, dass

Frauen zum Studium – insbesondere zum Studium der Medizin – nicht geeignet sind. Sie bemerkt dazu: »Wenn ich eine Broschüre lese, wie die des Herrn von Bischof, nehme ich ein Klopfen in den Schläfen wahr, nicht infolge der geistigen Anstrengung, das kann ich versichern, sondern vor Grimm.«[12] Und dieser Grimm lässt sie wieder Treffliches schaffen.

Sie weist ausführlich nach, wie Frauen durch Verbote, durch Erziehung, Vorurteile und Sitte ganz bewusst von der – männlichen – Wissenschaft ausgeschlossen wurden und werden, belegt dies mit anschaulichen Beispielen: »Sie, Herr von Bischof, sind sicher ein eminenter Anatom. Nun stellen Sie sich vor, Sie wären in einer Schule, dem Abbild einer gewöhnlichen Mädchenschule, erzogen worden. Mit kaum sechzehn Jahren hätte man Sie dieser Bildungsanstalt enthoben, an den Nähtisch gesetzt, hinter das Plättbrett gestellt und in die Küche geschoben. Wie und wann, Herr von Bischof, glauben Sie nun wohl, wäre Ihr anatomischer Genius zum Durchbruch gekommen? Ob bei dem Häuten eines Hasen plötzlich der Geist der Anatomie über Sie gekommen wäre – und aus heiler Haut hätten Sie angefangen, der staunenden Köchin die Unterschiede männlicher und weiblicher Hasenskelette zu erläutern? Ich möchte es bezweifeln: Ich möchte eher glauben, dass Sie eine ebenso tüchtige Nähmamsell geworden wären, als Sie jetzt ein hervorragender Anatom sind.«

Oder wenn nun der berühmte Friedrich Schiller als kleine Friederike zur Welt gekommen wäre? »Was würde wohl Großes in der kleinen Mädchenschule zu Marbach aus dieser Friederike geworden sein? Ich kann es mir lebhaft vorstellen! Schillers Riekchen hätte in der Schule beim schläfrigen Lese- oder Rechenunterricht, anstatt aufzupassen, ihre Bücher mit Versen beschmiert und ahnungslos würde der Lehrer die sapphoschen Kleckse mit Fingerklopfen gestraft haben. Riekchen hätte man oft unter einem Lindenbaum gefunden – träumend. Riekchen hätte frühzeitig ihren guten Ruf verloren wegen verprudelter Handarbeiten und Ungeschicklichkeit beim Aalschlechten. Ihr wäre auch kein Mann zuteil geworden; denn der Verdacht zukünftiger Blaustrümpfigkeit hätte jeden soliden Marbacher abgeschreckt. Riekchen wäre frühzeitig gestorben – an einem Herzfehler.«

Die Herren Wissenschaftler lehnen rundweg ab, dass Frauen überhaupt studieren können. Das geistige Unvermögen der Frau sei hinlänglich durch ihre geringen Leistungen auf wissenschaftlichem Gebiete bewiesen. Ein übler Trugschluss, befindet Hedwig Dohm, der völlig die im vorangegangenen Kapitel ausführlich diskutierten Beschränkungen außer Acht lasse, denen Frauen in Bezug auf Bildung ausgesetzt gewesen seien, und übersehe, wie viele hervorragende Wissenschaftlerinnen und Literatinnen es trotz allem in der Geschichte gegeben habe. Und schließlich sei die Tatsache einer unter Umständen nicht vorhandenen Begabung kein Grund, jemanden vom Studium auszuschließen. »Geister ersten Ranges findet man auch unter den Männern in nur einzelnen Exemplaren. Untersagt man der Frau das Studium aufgrund ihrer ungenügenden Geisteskräfte, so müsste man auch allen mittelmäßig begabten und unbedeutenden Männern (von den Dümmlingen gar nicht zu sprechen) die Universitätspforten vor der Nase zuschlagen.«

Beliebtestes Argument der Männer: die Stärke der Gemütskräfte der Frauen, die den kühlen Verstand immer wieder überlagerten. So gesehen wäre es in der Tat eine entsetzliche Vorstellung, Frauen zu wissenschaftlichen Berufen zuzulassen. Die möglichen Folgen persifliert Hedwig Dohm so: »Frau B. hat eine Professur der Geschichte inne. Sie soll von den Gräueltaten der römischen Kaiserzeit berichten. Da erstickt der Schmerz um die Ermordeten ihre Stimme, der Abscheu raubt ihr den Atem, sie verliert den Faden der Gedanken und muss ohnmächtig hinausgetragen werden.«

Für die Herren Wissenschaftler ist die Verteilung der Charaktereigenschaften in männlich und weiblich erwiesener Fakt: »Der Mann ist mutig, kühn, heftig, trotzig, rau, verschlossen; das Weib furchtsam, nachgiebig, sanft, zärtlich, gutmütig, geschwätzig, verschmitzt. Der Mann besitzt mehr Festigkeit, das Weib ist wandelbar und inkonsequent. Der Mann handelt nach Überzeugungen, das Weib nach Gefühlen; die Vernunft beherrscht bei jenen das Gefühl, bei diesen umgekehrt das Gefühl die Vernunft.« Gekonnt räumt Hedwig Dohm mit dieser geballten Ladung von Vorurteilen auf – und versäumt dabei nicht, auf einen sehr interessanten Widerspruch hinzuweisen. Überall sind die Frauen den Männern gefühlsmäßig überlegen, nur bei der Geschlechtlichkeit, da verfügt er über eine größere Sinnlichkeit, der sich die Frau unterwerfen muss.

Aber Herr von Bischof, der Anatom, geht noch weiter, er begründet die Unfähigkeit der Frauen für höhere Geisteskultur mit ihrer physiologischen Beschaffenheit, und zwar besonders der Schädelbildung, dem kleineren Hirn der Frau. Und spätestens an diesem Punkt ist es – zumindest aus heutiger Sicht – nicht mehr skurril und albern, was diese Männer sich alles ausdenken, um sich der lästigen Konkurrenz der Frauen zu erwehren und ihre bequemen Privilegien beizubehalten. In der Nazizeit – sechzig Jahre später – sind es wieder die Schädelabmessungen, die herangezogen werden, um »den Juden« auszumachen, Menschen jüdischer Herkunft als lebensunwerte Rasse auszusondern.

Ein besonderes Kapitel widmet Hedwig Dohm der Frage, ob Frauen Medizin studieren sollen, was Herr von Bischof natürlich mit allerhand Gründen – der Schamhaftigkeit, der Sittlichkeit der Frau, des natürlichen Ekels, der Kränklichkeit und Autoritätslosigkeit der Frau bis zur Rohheit der männlichen Studenten – ablehnt. Dort, wo Frauen den Männern nützlich sind, merkt Hedwig Dohm an, in der Küche, bei der Krankenpflege, in der Prostitution, beim Konsultieren männlicher Ärzte, sei von diesen Eigenschaften nicht die Rede, denn da wären sie hinderlich – oder schicke der Herr Anatom etwa seine Köchin während ihrer kritischen Tage nach Hause? Die Medizin, vor allem die Geburtshilfe, sei jahrtausendelang in den Händen von Frauen gewesen. Erst die Hexenverbrennungen hätten damit Schluss gemacht, wertvolles Wissen sei verloren, seit die Männer dieses Gebiet an sich gerissen haben. Es werde Zeit, dass Frauen diese Arbeit wieder übernehmen, meint Hedwig Dohm, um der besseren Gesundheit der Frauen willen. Eine Diskussion, die in der neuen Frauenbewegung wieder aufgegriffen worden ist.

Die Frau solle vor allem auch deswegen studieren, verlangt Hedwig Dohm, damit sie für ihren Lebensunterhalt sorgen kann. Wenn der Staat ihr dies verwehre, dann müsse er eine angemessene Versorgung dieser Klasse ermöglichen. Und »die Frau soll studieren, weil Wissen und Erkenntnis das höchste und begehrenswerteste Gut der Erde ist und weil die geeignetste Sphäre für jeden Menschen die höchste Sphäre ist, die zu erreichen der Menschheit überhaupt vergönnt ist«.

Zum Schluss ihrer Schrift fasst sie noch einmal zusammen. Sie fordert: »Völlige Gleichberechtigung der Geschlechter auf dem Gebiete der Wissenschaft in Bezug auf Bildungsmittel und Verwertung der erworbenen Kenntnisse. Und ich schreibe auf meine Fahne den Spruch, den die Könige von Granada in ihrem Banner trugen: ›No puedo desear mas, ni contentarme con menos‹ – nicht mehr kann ich fordern und nicht mit weniger mich begnügen.«

1876 erscheint Hedwig Dohms vierte Schrift innerhalb von vier Jahren: *Der Frauen Natur und Recht*. Ein erstaunlicher Erfolg ihrer schriftstellerischen Arbeit, noch dazu bei einem so provokanten Thema. Leider ist heute kaum mehr zu erfahren, wie verbreitet ihre Schriften waren, was die Verlage veranlasst hat, sie zu publizieren, und ob Hedwig damit Geld verdiente. *Der Frauen Natur und Recht* wird in den neunziger Jahren noch einmal aufgelegt, und *Was die Pastoren von den Frauen denken* ist zumindest zehn Jahre nach Erscheinen noch lieferbar, bei einem Verlag, der vom Schüleralmanach bis zu Wander- und Naturbüchern, Militärischem, Humoristischem und Historischem ein regelrechtes Feld-, Wald- und Wiesenangebot vorlegt und mit Frauenthemen offenbar weiter nichts zu tun hat.

Auf jeden Fall aber löst *Der Frauen Natur und Recht* recht heftige Reaktionen aus. Danach wird Hedwig

Dohm erbittert bekämpft, wie Minna Cauer, Vertreterin des radikalen Flügels der bürgerlichen Frauenbewegung, später in einem Grußwort zu Hedwig Dohms fünfundsiebzigstem Geburtstag berichtet: »Beim Erscheinen dieses Werkes wurde diese Frau mit Schimpf und Spott beworfen und selbst Frauenrechtlerinnen der damaligen Zeit lehnten das Buch in seinen Tendenzen ab.«[13] Letzteres erwähnt Hedwig Dohm oft mit lachender Ironie, denn sie ist sich schon bei der Veröffentlichung ihres Textes sehr wohl darüber im Klaren, dass sie mit ihren Schlüssen und Forderungen ihrer Zeit weit vorauseilt, zumindest in Deutschland. In England gibt es bereits heftige öffentliche Diskussionen über das Frauenstimmrecht, Petitionen werden im Parlament eingereicht, es scheint, als sei bald ein Umbruch zu erwarten. Die Berichterstattung in deutschen Zeitungen – besonders in der »Vossischen«, wie Hedwig Dohm in ihrer Schrift nachweist – ist tendenziös, sodass aufgrund dieser Informationen eine vernünftige Meinungsbildung nicht möglich ist. Das mag Hedwig Dohm veranlasst haben, sich noch einmal umfassend der Forderung nach dem Frauenstimmrecht zu widmen.

Sie greift erneut die wesentlichen Diskussionspunkte auf, die sie in ihren anderen Schriften bereits diskutiert hat: »Ein Hauptfaktor unserer Zeit ist die Frauenbewegung, die eine völlige Reform aller bestehenden Verhältnisse anstrebt. Der Anfang der Aktion auf diesem Gebiet ist das Stimmrecht der Frauen.«[14] Damit unterscheidet sich Hedwig Dohm grundlegend von den sonst aufgestellten Frauenforderungen der siebziger Jahre in Deutschland. Der bürgerlichen Frauenbewegung geht es zunächst darum, Frauen Schritt für Schritt bestimmten, ihnen bislang versperrten gesellschaftlichen Bereichen zuzuführen, das Stimmrecht steht dann – sozusagen als Belohnung – am Ende ihrer Bemühungen.

Als Gegenargument für die Beteiligung der Frauen am politischen Leben wird von Männern, aber auch von Frauen ihre Mutterschaft herangeführt, weil vor »dieser heiligen Pflicht keine andere Tätigkeit bestehen kann«. Doch dieses »Geschwätz«, vermerkt Hedwig Dohm aufgebracht, gelte sowieso nur für die Frauen höherer Stände, die Damen, und natürlich nicht für die anderen Frauen, die im Schweiße ihres Angesichts schuften und sich placken. Im Übrigen halte die berufliche Tätigkeit eines Mannes ihn von der politischen auch nicht ab, noch gebe es für Männer Gesetze, die sie zu einem anständigen Verhalten ihrer Familie gegenüber verpflichten (also zum Beispiel um 22 Uhr die Wirtschaften zu verlassen). Genauso wenig dürften Gesetze mit dem Vorwand, die Familie zu schützen, Frauen von der politischen Tätigkeit abhalten.

Die politischen Rechte könnten doch nicht von den körperlichen Voraussetzungen eines Menschen abhängen, sagt sie noch in diesem Zusammenhang: »Du hast keine politischen Rechte, weil du ein Weib bist. Du hast keine politischen Rechte, weil du ein Jude bist, hat die menschliche Gesellschaft jahrhundertelang den Juden zugerufen. Du hast keine politischen Rechte, weil du schwarz bist und ein Neger, spricht der Sklavenhalter zu seinem Sklaven.«

Hedwig Dohms Argumente für das Stimmrecht der Frauen sind klar und unmissverständlich. Es sei ein ihnen natürlich zustehendes Recht, das im Grunde keiner Begründung bedürfe. Es stehe der Frau als Mensch, als Bürgerin des Staates wie jedem anderen zu. »Die Teilnahme am politischen Leben macht alle anderen Fragen zu offenen.« Frauen wollen keine Gnadenerweise oder Almosen, sondern Gerechtigkeit. Deshalb sei es auch völlig gerechtfertigt, wenn sie sich weigerten (wie in England und Amerika geschehen), Steuern zu bezahlen, deren gesetzliche Grundlage sie nicht mitbestimmt hätten.

Durch die Erlangung des Stimmrechts werde die Frau nicht mehr angewiesen sein auf die traditionellen Möglichkeiten der weiblichen Einflussnahme mittels Intrigen, Schmeicheleien, Koketterien, List und Heuchelei. »Nach einigen Generationen werden das Stimmrecht und die politische Verantwortlichkeit eine Revolution in den Köpfen der Frauen und eine Läuterung ihrer Gesinnung bewirkt haben.«

Welch Optimismus! Inzwischen sind zwei Generationen, mehr als siebzig Jahre vergangen, seit die Frauen das Stimmrecht erlangt haben (1918 im Zuge der Novemberrevolution, Hedwig Dohm hat es noch miterlebt). Und wir wissen heute, dass das Stimmrecht allein nicht ausgereicht hat, um die wirkliche Gleichheit der Frauen zu erlangen. Sie ist zwar auf dem Papier in Deutschland weitgehend durchgesetzt, doch im realen politischen, öffentlichen und privaten Leben sieht es anders aus. Tradition und Männermacht erweisen sich als stärker. Frauen sind immer noch hauptsächlich für die Hausarbeit und für die Kinderversorgung verantwortlich; Gewalt gegen Frauen hat nicht nachgelassen; Frauen werden immer noch schlechter bezahlt als Männer; Frauen haben zwar Zugang zu vielen Berufen, aber gelangen äußerst selten in wichtige Entscheidungspositionen; es sind mehr Frauen arbeitslos als Männer; die traditionellen Vorurteile gegen Frauen sind nicht verstummt; wieder ist betont von einer weiblichen, mütterlichen Natur der Frau die Rede. Und politisch? Die Politik ist fest in Männerhand; Frauen wählen, Frauen machen in den Parteien mit – damit erschöpft sich ihr Einfluss. Im Parlament, in der Regierung, in den Behörden sind sie zumindest in den Führungspositionen weit in der Minderheit. Das Gleiche gilt für Wirtschaft und Hochschulen.

Inzwischen haben die Frauen ein neues Instrument des Machtkampfes – denn darum handelt es sich nach wie vor – entwickelt: die Quotierung. Die Verteilung der Positionen, der Mandate soll nicht mehr dem »Zufall« – also der Männermacht – überlassen werden, sondern als Ausgleich für die Benachteiligungen, die Frauen durch Gebären und Kinderversorgung in Kauf nehmen müssen, anteilig nach einem prozentualen Schlüssel erfolgen beziehungsweise sie sogar bevorzugen. Ist dies nun endlich der entscheidende Hebel, um die Unterdrückung der Frau zu beseitigen? Ob Hedwig Dohm diese Quotierung unterstützt haben würde? Vermutlich schon, denn sie weiß, dass die Männer ihre Macht nicht freiwillig abgeben werden – die Frauen werden sie sich erkämpfen müssen.

Hedwig Dohm schließt ihr Buch mit einem leidenschaftlichen Appell an die Frauen. Sie sollen alle weiblichen Kräfte zur Erringung der politischen Rechte konzentrieren, entsprechende Vereine organisieren und leiten. »Werft ab den konventionellen Charakter, den man euch aufgezwungen! Erhebt euch und fordert das Stimmrecht! ... Ohne politische Rechte seid ihr, eure Seelen mögen von Mitleid, Güte und Edelsinn überfließen, den ungeheuren Verbrechen gegenüber, die an eurem Geschlecht begangen, machtlos. Rafft euch empor! Organisiert euch! ... Die Menschenrechte haben kein Geschlecht!«

Rückzug

»Die grübelnden Träumer, das sind die Menschen, die
nie zu Taten reifen. In ihren Gedankenschöpfungen
möglicherweise Revolutionäre, Umstürzler, die kühn
und frech an dem Weltbau rütteln, in Wirklichkeit nicht
das kleinste Steinchen zu bewegen die Kraft haben.
Blutlose Feiglinge dem Leben gegenüber – wie ich.«
Hedwig Dohm,
Kindheitserinnerungen einer alten Berlinerin, 1912

Der flammende Appell Hedwig Dohms an die Frauen
in ihrer letzten Schrift verhallt zunächst ohne größere
Resonanz. Dass sie hier tatsächlich gedankliche
Grundlagen zumindest für den radikalen Flügel der
Frauenbewegung um die Jahrhundertwende und den
heutigen Feminismus gelegt hat, wird erst viele Jahre
später deutlich. Die bürgerliche Frauenbewegung der
siebziger Jahre ist vollauf mit den Forderungen nach
Verbesserung des Bildungssystems für Mädchen beschäftigt, ist weit entfernt davon, gleiche Rechte auf
allen Gebieten für Männer und Frauen zu fordern,
und geht außerdem von einer grundsätzlichen Ver-
schiedenheit von Männern und Frauen aus. Hedwig
bleibt daher mit ihren radikalen Forderungen auf ein-
samem Posten.
Auch bei den Sozialdemokraten, mit denen sie in der
Kritik am Bismarckschen Machtstaat sicherlich übereinstimmt, deren Kampf für die Rechte der Arbeiter
sie zweifellos unterstützt, kann sie sich nicht engagie-

Hedwig Dohm im Jahre 1870

Oben: Wilhelmine Henriette Schleh und Gustav Adolph Gotthold Schleh, Hedwig Dohms Eltern
Links: Ernst Dohm um 1879

Hedwig Dohm um 1880

Um 1885

Um 1890

Die große Familie Rosenberg-Dohm und ihre Angestellten um 1900. Hinter dem Tisch Hedwig Dohm, links daneben ihre Tochter Else Rosenberg, rechts daneben (stehend) ihre Tochter Maria Gagliardi.

Hedwig Dohm um 1910

ren, denn diese Partei ist eben auch eine Männerpartei, für die die Frauenfrage eine Sonderfrage ist, die sich im Marx'schen Sinne in einer kommunistischen Gesellschaft von selber lösen würde. Und außerdem – politisches Engagement zur Kaiserzeit ist eine gefährliche Sache. Der Staat verfolgt unnachgiebig alle Gegner und Gegnerinnen, und Frauen ist nach preußischem Vereinsrecht immer noch die Beteiligung an politischen Vereinen untersagt. 1878 werden die Sozialistengesetze erlassen, die die Versammlungs- und Pressefreiheit der Sozialdemokraten erheblich einschränken. Ein raues Klima also. Vielleicht ist das ein Grund, warum Hedwig sich noch anderweitig schriftstellerisch betätigt. Etwa zur selben Zeit, in der ihre Schriften erscheinen, versucht sie sich in einem anderen Metier, dem Theater, das ihr durch die vielen Theaterbesuche und durch die Arbeit ihres Mannes wohl sehr vertraut ist. Hedwig Dohm schreibt mehrere Lustspiele, die in Berlin erfolgreich aufgeführt werden.

Berlin ist schon immer eine Theaterstadt gewesen, Theaterabende sind eine beliebte Unterhaltung der Bürger der Stadt, in einer Zeit, in der es weder Kino noch Radio oder Fernsehen gibt. In den siebziger und achtziger Jahren wird auf den Bühnen ein hauptsächlich unterhaltendes Theaterhandwerk französischer Autoren und deren deutscher Nachahmer geboten. Oft werden an einem Abend mehrere Einakter mit kleinen Besetzungen hintereinander aufgeführt. Erst Ende der achtziger Jahre kommt Bewegung in die Theaterszene, der Naturalismus konfrontiert das Publikum mit sozialen Problemen, für viele ein unerhörter Affront. Als Gerhart Hauptmanns *Vor Sonnenaufgang* gespielt wird, tobt das Publikum – vor Empörung, aber auch vor Begeisterung. Zu diesem Zeitpunkt schreibt Hedwig Dohm schon keine Stücke mehr, sie bleibt aber dem Theater bis an ihr Lebensende verbunden, ist eine glühende Anhängerin der Realisten wie eben Gerhart Hauptmann und Henrik Ibsen.

Hedwig Dohms erstes Stück *Vom Stamm der Asra* wird am Silvesterabend 1874 im Königlichen Schauspielhaus aufgeführt, als Buch erscheint es erst 1876. Allerdings hat Hedwig Dohm den Stoff nicht selber erdacht. Es handelt sich um eine Übersetzung oder möglicherweise um eine freie Übertragung (ihr Text ist heute leider nicht mehr auffindbar) des spanischen Stückes »Tu amor, o la muerte!« von Mariano José de Larra, einem Dichter, dem sie sich in ihrer *Spanischen Nationalliteratur* ausführlich gewidmet hat.

Theodor Fontane bespricht das Stück in seinen *Causerien über Theater*, den regelmäßig in der »Vossischen Zeitung« erscheinenden Theaterkritiken, und ist ausgesprochen begeistert: »Die Verfasserin bewährte sich hier auf einem, soviel wir wissen, für sie neuen Gebiete. Dieselben Eigenschaften, die sie überhaupt auszeichnen: Esprit, lebhaftes Gefühl für das

Komische und ›Mut der Meinung‹ – sie finden sich in diesem kleinen, auf einem glücklichen Einfall beruhenden, mit Knappheit und Raschheit durchgeführten Beispiele wieder.«[1] Der Inhalt des Stückes deutet sich dem kundigen Theaterbesucher schon vom Titel her an: Die vom Stamme der Asra sind die Männer, »welche sterben, wenn sie lieben«, bekannt aus einem Gedicht von Heinrich Heine. Das Stück nun ist eine Persiflage auf dieses Thema, das die inbrünstig vorgetragenen Liebesschwüre von Männern entlarvt. Die Heldin, eine brave, etwas gelangweilte Ehefrau, geht zunächst einem dieser Liebesbeschwörer auf den Leim, glaubt, seinen vorgeblichen Selbstmord wegen unerwiderter Liebe auf dem Gewissen zu haben, trifft ihn dann aber lebend an und ist so in der Lage, ein zweites »Abenteuer« dieser Art, einen zweiten angeblich tödlich in sie Verliebten, kühl und selbstbewusst abzuwehren. »Der Erfolg war ein durchschlagender«, schreibt Fontane, »selten sind wir einem allgemeineren Beifall begegnet, in den wir ohne weiteres einstimmen konnten.« Aber eine Kritik hat der gute Herr denn doch: Offenbar ist ihm der Dialog an manchen Stellen zu frei, zu überschwänglich.

Der Seelenretter, 1875 am Königlichen Schauspielhaus uraufgeführt, ist nun das erste völlig selbst erdachte Stück von Hedwig Dohm. Es folgen *Ein Schuss ins Schwarze* und *Die Ritter vom goldenen Kalb*, beide 1879 aufgeführt. Alle drei Stücke sind Verwechslungs-

komödien in verschiedenen Varianten, spielen in gehobenen, teilweise adligen Kreisen und drehen sich
um Liebe, Heirat, Treue: Frauen- und Männerbezie-
hungen im Netz der tradierten Vorstellungen, ein
Thema, das Hedwig Dohm auch später in ihrer Prosa
in vielen Variationen aufgreift. Sie hält der Gesellschaft den Spiegel vor, dass jeder seine Schlüsse ziehen
möge, so wie sie selber es auch getan hat, indem sie
jahrelang die Realität beobachtete.

Die Kritik, die Hedwig Dohm so vehement in ihren
Polemiken formuliert, blitzt in den Stücken nur an-
satzweise auf. Es werden die konventionellen Beziehungen angeprangert, die von Geld, bloßer Sinnlichkeit, gesellschaftlichen Verpflichtungen bestimmt
sind, es siegt letztlich immer die wahre, selbstbe-
stimmte Liebe – zumindest als Idee. Die Frauenfigu-
ren bleiben im Korsett ihrer Rolle, wehren sich nur
zögernd und zaghaft, eher ideell, gedanklich – eine
Hedwig Dohm nur allzu vertraute Haltung. Und dennoch: »Zur Unterminierung der heutigen Eheform haben die Ehebruchsdramen wesentlich beigetragen«[2],
sagt Hedwig Dohm dreißig Jahre später in einem Beitrag über die kulturellen Werte des Theaters. Dazu
könnten auch ihre heiteren Lustspiele mit dem kritischen Unterton gehört haben.

1879 publiziert Hedwig Dohm zusammen mit einem
F. Brunold eine Sammlung neuer deutscher Lyrik.

Lust und Leid im Liede versammelt über 150 Gedichte von Autoren wie Heine, Droste-Hülshoff, Lenau, Ebner-Eschenbach, Eichendorff, Chamisso, Uhland – um nur einige zu nennen. Immerhin sind knapp zehn Prozent der Beiträge von Dichterinnen. Ob Hedwig Dohm ein besonderes Augenmerk darauf gerichtet hat? Das Buch ist sehr erfolgreich, obwohl es entgegen dem Zeitgeist keinerlei nationalistische Töne anschlägt, und erreicht mindestens sieben Auflagen. Jedes Gedicht wird von zarten Holzschnittdekorationen umrankt, die mitunter das Miniaturbildnis des Dichters oder der Dichterin mit einbeziehen. Zum Beispiel lehnt an Lenaus Bildnis, das in einen schweren Rahmen aus Wasserpflanzen eingebettet ist, trauernd eine Nixe. Die Bürger schätzen das Schöne, die Überhöhung der Kunst in außeralltägliche Bereiche kennt keine Grenzen. In dieser Arbeit kommt Hedwig Dohms träumerische, schwärmerische, romantische Natur zum Vorschein, die man der Verfasserin der witzig-bissigen, realistischen, kämpferischen Pamphlete so ohne weiteres nicht zutraut.

Ungebunden

»Und eine zärtliche Mutter sollte nicht Scheu tragen,
ihre Tochter auf einen Kampfplatz zu entsenden und sie
der Missbilligung und dem Spott auszusetzen,
den ungewöhnliches Tun hervorruft? Dem Neide,
wenn sie große Erfolge erringt? Wird sie nicht zweifeln,
ob das Kind dem Kampf gewachsen ist?«
H. Dohm, Die wissenschaftliche Emanzipation der Frau, 1874

Auf einem Foto, das mit ca. 1865 datiert ist, sind die
vier Töchter Hedwig Dohms versammelt. Allesamt
noch Kinder, offenbar im Sonntagsstaat. Die beiden
älteren sind schon recht erwachsen, damenhaft gekleidet: ein enges, weit ausgeschnittenes, puffärmeliges
Oberteil, die Taille schmal, darunter ein weiter, bis an
die Fesseln reichender Rock. Die Kleider der beiden
kleineren sind kürzer, bequemer. Auffällig die Frisuren: Die Haare sind nicht wie üblich lang und streng
hochgebunden, sondern werden kurz und offen getra-
gen – so wie Hedwig Dohm sich auch im Gegensatz
zur üblichen Mode frisiert. Alle vier Kinder sind sehr
hübsch, wenngleich ihre Gesichter auf diesem Foto einen etwas verschlossenen, gelangweilten Ausdruck
haben – kein Wunder, denn es dauerte seine Zeit, bis
damals so ein Foto fertig war.[*]

---

[*] Das Foto ist auf der Rückseite des Buches *Hedwig Dohm, Erinnerungen*, hrsg.
von Berta Rahm, Ala-Verlag, 1980, abgebildet. Frau Rahm stellte es für dieses Buch
leider nicht zur Verfügung.

Als Hedwig Dohm ihre vier Töchter in die Schule schickt, hat sich im Vergleich zu ihrer eigenen Schulzeit nicht sehr viel geändert. Noch immer bleibt nach der Elementarschule für eine Weiterbildung nur die Höhere Töchterschule, deren Ausbildungsinhalte weitgehend gleich geblieben sind: Handarbeiten, Parlieren in Englisch oder Französisch, Literatur und Religion, keinerlei Naturwissenschaften – es wird gerade so viel Wissen vermittelt wie nötig, um auf einer Gesellschaft mitplaudern zu können. In ihren Schriften hat Hedwig Dohm sich wiederholt verärgert über diese Schmalspurbildung ausgelassen. Auch ihre Töchter kommen noch nicht in den Genuss der vielen Reformen und Aktivitäten auf dem Gebiet der Mädchenschulbildung, die ab Ende der achtziger Jahre von der Frauenbewegung ausgehen.

Hedwig Dohm versucht, ihren Kindern die bestmögliche Ausbildung in Pensionaten und mit Privatunterricht zu geben, sie auf eine Berufstätigkeit vorzubereiten – im Rahmen der anerkannten Möglichkeiten. Offenbar will sie ihre Töchter nicht auf den »Kampfplatz« schicken. Sie schafft ja noch nicht einmal, selbst das in Handeln umzusetzen, was sie für richtig hält, um wie viel weniger wird sie ihre Töchter gegen deren Willen dazu drängen. Denn die sind trotz aller fortschrittlichen Gedanken der Mutter in den üblichen bürgerlichen Kreisen aufgewachsen. Die Mädchen gehen auf Bälle und Tanztees und amüsieren sich der

Zeit entsprechend, genießen es, hübsch und begehrt zu sein.

Als Erste heiratet die zweite Tochter Elsbeth im September 1878. Ob sie zuvor berufstätig war, welche Art von Ausbildung sie hat, ist nicht zu erfahren. Auf den ersten Blick sieht diese Ehe aus wie eine der konventionellen Ehen, die Hedwig Dohm nicht müde wird anzuprangern: Der Ehemann, Moses Hermann Rosenberg, mosaischer Religion, ist zehn Jahre älter als die Braut, Kaufmann, stammt aus einem reichen Hause, wird später Bankdirektor und Direktor der Berliner Handelsgesellschaft. Eine gute Partie also. Aber ob auch in den Augen Hedwig Dohms? Die Rosenbergs bekommen kurz hintereinander drei Kinder, die erste Tochter wird Ilse Hedwig genannt.

Ebenfalls im Jahre 1878 heiratet die älteste Tochter der Dohms. Sie ist 23 Jahre alt und Schauspielerin bei einer bekannten Theatergruppe, den »Meiningern«. Dort hat sie schon große Rollen gespielt, und es sieht so aus, als stehe ihr eine erfolgreiche Karriere bevor. Doch dann taucht Alfred Pringsheim auf, fünf Jahre älter, Mathematiker, Privatdozent an der Königlichen Universität, Doktor der Philosophie. Er entstammt einer jüdischen Unternehmersfamilie, die zum Protestantismus übergetreten ist und von Schlesien nach Berlin umgesiedelt hat. Alfred Pringsheim wird 1886 Professor für Mathematik in München.[1]

Die Pringsheims ziehen nach München, doch bleibt

die junge Frau mit ihrer Mutter trotzdem eng verbunden. Sie schreiben sich häufig Briefe. »Ich glaube, mindestens zwei- bis dreimal die Woche«, berichtet Katia Mann, die Enkelin. »Meine Mutter schrieb ihr lange Berichte aus München nach Berlin und meine Großmutter bewahrte sie alle auf. In dem Roman *Sibilla Dalmar* hat sie dann alles, was in den Briefen über die Münchener Gesellschaft stand, übernommen, und das hat in dieser Gesellschaft ein furchtbares Ärgernis gegeben, wirklich einen richtigen Skandal.«[2] Was dem Buch, ihrem zweiten Roman, dann zu vielen Auflagen verhilft.

Hedwig Dohm hat sich zwar davor gehütet, in ihren Töchtern die Vollstrecker der von ihr verkündeten Wahrheiten zu betrachten – sie gesteht auch ihnen das Recht zur Entwicklung ihrer eigenen Persönlichkeit zu. So ganz unbeeinflusst ist ihre älteste Tochter aber doch nicht. Sie verursacht in München einen kleineren Skandal, als sie darauf besteht, wie ihr Mann und ihre drei Buben Fahrrad zu fahren. »Ich gehörte zu den ersten Damen, die in München ›radelten‹«[3], erzählt sie in einem Zeitungsbericht. »Das war damals, Ende der achtziger Jahre, noch gar nicht so einfach. Ich musste mich auf der Polizei melden mit einer schriftlichen Erlaubnis meines Ehemannes und Gebieters, musste Alter und Konfession, Namen, Stand und Konfession meiner Eltern angeben, und da alles so weit stimmte, wurde mir gestattet, an einem bestimmten Datum an der offiziellen Prüfung teilzunehmen, die auf einem weitläufigen Terrain draußen vor der Stadt mit allerlei Kurven und hinterlistigen Schikanen dann auch zur gegebenen Zeit stattfand. Klopfenden Herzens schwang ich mich aufs Rad, bestand die Prüfung, war nun losgelassen auf meine Mitmenschen und machte sehr stolz an der Seite meines vierzehnjährigen Buben meine erste Fahrt durch die Stadt.«

Hedwig Pringsheim-Dohm hat fünf Kinder, darunter auch das Mädchen Katia, die später als Ehefrau von Thomas Mann berühmt wird. Katia kommt, wie die meisten Enkelinnen Hedwig Dohms, bereits in den Genuss einer vernünftigen Schulbildung. Allerdings darf sie noch kein Gymnasium besuchen, sondern wird mit Privatunterricht auf die externe Abiturprüfung vorbereitet, was natürlich nur für wohlhabende Familien möglich ist. Doch Katia bricht ihr Universitätsstudium nach kurzer Zeit ab, heiratet, bekommt sechs Kinder, denen sie ihr Leben widmet, mehr aber noch ihrem Mann, dem Dichter und späteren Nobelpreisträger für Literatur. In ihren Memoiren berichtet Katia Mann halbwegs amüsiert über ihre so kämpferische Großmutter, die ihr ein bisschen naiv, weltfern erschien. Hedwig Dohm habe ihren Mann, den Dichter Thomas, vor der Geburt des ersten Kindes gefragt, was er sich denn wünsche, Junge oder Mädchen? »Da sagte er, natürlich einen Jungen. Ein Mädchen ist doch nichts Ernsthaftes. Das war schlimm. Aber trotzdem vertrugen sie sich dann sehr gut. Es war also ein Mädchen, Erika. Ich war sehr verärgert. Ich war immer verärgert, wenn ich ein Mädchen bekam.«[4] Hedwigs Enkelin Katia hat sich in einem eher typisch weiblichen Leben eingerichtet, eine bewusste Entscheidung, scheint es. Und doch heißt es an einer Stelle ihrer Erinnerungen: »Ich habe in meinem Leben nie tun können, was ich hatte tun wollen.«

Die beiden jüngeren Töchter sind noch im Hause, als im Februar 1883 Ernst Dohm an einem »organischen Herzfehler« stirbt. Sein Tod kommt nicht ganz unerwartet, denn schon ein Jahr zuvor erlitt er einen Schlaganfall, der ihn nötigte, aus der *Kladderadatsch*-Redaktion auszutreten. Am 8. Februar wird Ernst Dohm auf dem Friedhof der Matthäusgemeinde beigesetzt.

Hat Hedwig Dohm mit ihm den Lebensgefährten verloren oder die einschränkenden Fesseln der Ehe? Sie selber erwähnt öfter den Tod ihres Sohnes, nie aber den ihres Mannes. In der Novelle *Werde, die du bist* schildert sie das Gefühl der Freiheit, das sich bei einer Ehefrau einstellt, nachdem der Mann, den sie jahrelang gepflegt hat, tot ist.

Wovon lebt Hedwig Dohm? Bekommt sie von ihrem verstorbenen Mann eine Rente? Hat sie ihr mit dem Schreiben der Pamphlete und Stücke verdientes Geld gespart oder schon damals mit in den Haushalt gebuttert? Vielleicht verdienen die Töchter sich schon ihren eigenen Lebensunterhalt, denn die beiden jüngsten sind beim Tode des Vaters bereits Anfang beziehungsweise Mitte zwanzig.

Von der jüngsten Tochter ist wenig bekannt. Sie hat zweimal geheiratet. Ihr erster Mann, der Bildhauer Max Klein, stirbt 1908, ihr zweiter Mann wird der Verleger Georg Bondy.

Von der dritten Tochter Maria hat deren Tochter Hedda ausführlich berichtet. Maria besucht das Lehrerinnenseminar, lebt zwei Jahre als Gouvernante bei einer Familie in England, nimmt, wieder zu Hause, Italienischkurse und verliebt sich wie damals ihre Mutter in den Sprachlehrer, den italienischen Journalisten Ernesto Gagliardi, Sohn eines Schauspielers, katholisch. 1888 heiraten sie – beide sind bereits über dreißig Jahre alt –, zwei Töchter werden geboren, die Familie lebt eine Zeit lang in Italien, wo Hedwig Dohm sie öfter besucht.

»Von Kindheit darauf eingestellt, beruflich zu arbeiten, trug meine Mutter in zunehmendem Maße zum Unterhalt der Familie bei«, erzählt Hedda. »Sie erteilte Stunden und machte Übersetzungen aus verschiedenen Sprachen. Nach unserer endgültigen Rückkehr nach Deutschland erhielt sie eine Stelle als Korrepetitorin an der Königlichen Hochschule für Musik in Berlin. Auch wurde sie Vereidig-Dolmetscher vor Gericht.«[5] Hedda empfindet die Berufstätigkeit der Mutter als außerordentlich bereichernd. Bei ihnen zu Hause geht es nicht so langweilig zu wie bei ihren Freundinnen. Immer hat die Mutter etwas zu erzählen. Hedwig Dohm sei mit der Familie ihrer berufstätigen Tochter Maria enger verbunden gewesen als mit den Familien der anderen Töchter, meint Hedda.

Sie selber kommt in den Genuss einer akademischen Bildung, besucht das erste städtische Mädchengymnasium in Preußen und besteht dort ihr Abitur. Wie streng die Staatsaufsicht zu jener Zeit ist, erzählt sie in folgender Episode: »Als Deutschlehrerin hatten wir Dr. Hildegard Wegschneider-Ziegler. Sie war eine Vorkämpferin der Frauenbewegung, sozialistisch gesinnt und eine wundervolle Lehrerin ... Sie war verheiratet und hatte ein Kind. Als sie, gut bürgerlich und legitim, ein zweites Kind erwartete, gab es eine Schulinspektion. Am Tag darauf erschien Frau Dr. Wegschneider nicht mehr zur Stunde. Uns wurde kurz mitgeteilt, dass wir sie nicht mehr sehen würden. Einige von uns eilten direkt von der Schule zu ihrer Wohnung und erfuhren, dass sie aufs Gröbste von einem Tag auf den anderen entlassen war, um unser sittliches Feingefühl nicht länger durch den Anblick ihrer schwangeren Person zu verletzen. Dies war für eine ganze Reihe von bisher friedlich konformistischen Schülerinnen der Tag des Erwachens ihrer Kritik an den regierenden Behörden und des Willens, sich für energische Reformen von Stund an einzusetzen.«

Das ist im Jahre 1907, ein Jahr bevor Preußens Universitäten sich für Frauen öffnen, zur Zeit heftiger Auseinandersetzungen um die Rolle der Frau in der Gesellschaft und ihre Beteiligung am politischen Leben. Die seit Ende der achtziger Jahre wieder lautstärker gewordene Frauenbewegung hat dies in Gang gesetzt. Nun auch mit Beteiligung von Hedwig Dohm, die sich erneut öffentlich zu Wort meldet – als fast Siebzigjährige, aber so frisch und munter wie eh und je.

Hin zum Neulande

»Meine Feder ist ... mein Schild zur Abwehr der
tödlichen Streiche, die man gegen mich als Weib führt.«
Hedwig Dohm,
Die Anti-Feministin, 1902

Nach dem Tod des Mannes, der Verheiratung der
Töchter beginnt für Hedwig Dohm ein völlig neuer
Lebensabschnitt. Sie ist weit über die Lebensmitte
hinaus, doch gesund und offenbar voll ungebrochenen
Tatendranges, zum ersten Male nur für sich selbst ver-
antwortlich.

Auch wenn sich Hedwig Dohm seit 1876, also seit
über zehn Jahren, nicht öffentlich zur Frauenfrage geäußert hat, so brennt in ihr doch immer noch der gleiche Zorn, sind die Ansprüche, die sie für die Frauen
als ihr unverzichtbares Recht anmeldet, ohne Zweifel
die gleichen geblieben. Und jetzt greift sie nicht nur
mit Worten in die Frauenbewegung ein, sie ist Grün-
dungsmitglied des Frauenvereins *Reform*, der 1888
entsteht – eine der ganz wenigen frauenpolitischen
Aktivitäten, die von Hedwig Dohm überliefert sind.
Was mag sie dazu bewogen haben?

Zunächst ein kurzer Blick auf die politischen und gesellschaftlichen Verhältnisse: Das deutsche Kaiserreich
steht in voller Blüte. Die Industrie, die Bauwirtschaft
erleben einen ungeheuren Aufschwung. Elektrizität,
Telefon, Grammophon, Schreibmaschine verändern

den Alltag. Dem technischen Fortschritt scheinen keine Grenzen gesetzt. Das Maschinenzeitalter verändert die Lebensbedingungen der Massen, bildet Reichtum, ruft aber auch ungeheure Armut hervor. Die Menschen strömen vom Land in die Stadt und drängen sich in enge Mietskasernen. Berlin wird zu einer quirligen Großstadt mit atemberaubendem Verkehr.

Die Sozialistengesetze von 1878 haben die politischen Aktivitäten der Arbeiter und ihrer Partei in den Untergrund gezwungen, nach ihrer Aufhebung im Jahre 1890 sind die Sozialdemokraten jedoch stärker als zuvor.

Die Klassengegensätze bestimmen das gesellschaftliche Klima. Menschen aus der Arbeiterklasse kämpfen für die klassenlose Gesellschaft ohne Armut, ohne Ausbeutung von Menschen durch Menschen. Teile der herrschenden Klasse träumen von der Ausdehnung ihrer Herrschaft: Das Versäumnis vergangener Jahrhunderte müsse wieder gutgemacht werden, Deutschland sei bei der Verteilung der Erde seit dem 15. Jahrhundert zu kurz gekommen. Deutschland brauche Kolonien zur Erlangung von Rohstoffen, zur Ausbreitung des Herrschaftsgebietes, Deutschland müsse Weltmacht werden, damit das deutsche Volk eine Weltstellung habe, die seinem Rang als europäische Großmacht entspreche. »Es gilt ... der Welt zu beweisen, dass das deutsche Volk mit der alten

Reichsherrlichkeit auch den alten deutsch-nationalen Geist der Väter übernommen hat.«[1]

1884/85 werden die deutschen »Schutzgebiete« in Afrika sowie in Neuguinea und der Südsee gegründet. Militärischer Reichsschutz sei nötig, um denjenigen »Gebilden, die aus den überschüssigen Säften des gesamten deutschen Körpers naturgemäß herauswachsen, in fremden Ländern Pflege und Schutz angedeihen zu lassen«[2], wie Bismarck es formuliert. Tatsächlich ist der Import/Export-Anteil der Kolonien am gesamten deutschen Außenhandel sehr gering, die Zahl der Deutschen in den Kolonien bleibt ebenfalls niedrig, die wirtschaftlichen und bevölkerungspolitischen Ziele werden nie erreicht. Nur strategisch und militärisch ist die Kolonialpolitik für das Kaiserreich erfolgreich. Die berühmte »Hunnenrede« Kaiser Wilhelms II., mit der die gnadenlose Niederschlagung des »Boxeraufstandes« in China angekündigt wird, ist ein Beispiel für die maßlose imperialistische Politik des Kaiserreiches, die schließlich zum Ersten Weltkrieg führt, aber auch schon den Grundstein für den Expansionswahn der Nationalsozialisten legt.

Hedwig Dohm verfolgt diese anmaßende, selbstherrliche, so durch und durch männliche Unterwerfungspolitik mit Abscheu, notiert die Gräuelberichte über die Behandlung der kolonialisierten Völker mit Entsetzen. Allerdings wirkt ihre Einschätzung fremder

Kulturen – der angeblich unzivilisierten Völker – aus heutiger Sicht mitunter etwas befremdlich. Offenbar kann auch sie sich der Propagandawirkung einseitiger und falscher Informationen nicht entziehen. Wenn fälschlicherweise verbreitet wird, dass in Afrika Menschenfleisch auf Märkten feilgeboten würde, wenn »Chinesentum« als Synonym für Unterwürfigkeit gilt, wenn die Naturvölker als »Wilde«, als Gewalttäter und Vergewaltiger beschrieben werden, Afrikaner sogar im Zoo ausgestellt werden, also alle Menschen außer den Europäern angeblich in einem quasi noch nicht menschenähnlichen Zustand verharren, dann bietet es sich an, den Völkern jenseits der Ozeane europäische Zivilisation vermitteln zu wollen, also Aufklärung, Kultur, Technik. Und Hedwig Dohm strebt dies in ihrem generellen Bestreben um die »Veredelung des Menschentums« – mit friedlichen Mitteln natürlich – an. Nie aber hat sie eine Nation über die andere gestellt. Sie ist Kosmopolitin. »Was ist Heimatliebe?«, schreibt sie einmal. »Nichts als das Vorziehen des Bekannten.«[3] Keine sehr typische Haltung im deutschen Kaiserreich, in dem die nationale Sache über alles gestellt wird.

Nationaler Dünkel geht auch einher mit rassischem Dünkel. Der Antisemitismus ist eine um die Jahrhundertwende weit verbreitete Haltung, Judenhetze üblich und auch durchaus salonfähig. Hedwig Dohm sieht Parallelen zwischen Juden und Frauen: »Es geht den armen Frauen geradeso wie den Juden. Tut ein Jude Böses, so tut er es nicht als böser Mensch, sondern als Jude, und die ganze Rasse wird für sein Tun verantwortlich gemacht.«[4] Sie karikiert den Stolz der Männer im Vergleich mit dem Dünkel des dümmsten Ariers, »der dem klügsten Semiten gegenüber doch wenigstens stolz darauf ist, dass er Arier ist, und sich durch seine Stulp- oder Kartoffelnase als Nichtsemit ausweisen kann«[5]. Sie ist schließlich selber Tochter eines Juden, Ehefrau eines Juden und zwei ihrer Töchter sind mit Juden verheiratet. So empfindet sie sich als doppelt diskriminiert – als Frau und als Jüdin. Was sie allerdings nicht daran hindert, männliche, in ihrer Tradition behaftete Juden zu kritisieren, die in ihren Gebeten Jehova danken, dass er sie nicht als Weiber schuf.

Auf dem Bochumer Antisemitentag wird 1889 die *Antisemitische Deutsch-Soziale Partei* gegründet, die den angeblich volksschädlichen und staatsgefährdenden Einfluss des internationalen Judentums, die Gefahr androhende Anhäufung jüdischen Kapitals eindämmen, die Aufhebung der Gleichberechtigung der Juden, ihre Stellung unter Fremdenrecht erreichen, die Einwanderung der Juden aus Osteuropa verhindern, letztlich sogar die Vernichtung der »jüdischen Rasse« herbeiführen will. Die Partei ist zwar nicht sehr groß, aber ihre Haltung den Juden gegenüber, von denen viele ja seit ihrer bürgerlichen Gleichstellung Anfang des Jahrhunderts christlich getauft, also »assimiliert« sind, wird auf hoher Ebene in den Zentren der geistlichen und weltlichen Macht vertreten. Ein Vertreter ist zum Beispiel der Berliner Domprediger Stoecker. Vierzig Jahre später werden diese Ideen von den Nazis zur Grundlage der Staatspolitik gemacht.

Andererseits gibt es zur selben Zeit auch scharfe Kritik an der inzwischen hoch industrialisierten Gesellschaft, und zwar nicht nur von Seiten der Sozialisten. Die Zeit um die Jahrhundertwende ist eine Zeit des geistigen Aufbruchs. Der Philosoph Friedrich Nietzsche zum Beispiel bricht mit allen kulturellen und religiösen Werten. Die Welt – die Menschen eingeschlossen – sei ohne Sinn und der Mensch habe sein Schicksal in einem unbedingten und verantwortungslosen Akt selbst zu bestimmen und in die Hand zu nehmen. Individualanarchisten, Syndikalisten und Bohemiens probieren neue Lebenszusammenhänge. Künstler und Wissenschaftler suchen neue Wege der Erkenntnis, Ausdrucks- und Lebensformen. Vor allem auf naturwissenschaftlichem und medizinischem Gebiet werden bahnbrechende Entdeckungen gemacht. Robert Koch entdeckt den Tuberkelbazillus, Behring das Diphtherieserum, Röntgen die nach ihm benannten Strahlen, Freud die Kräfte des Unbewussten, Einstein die Relativitätstheorie.

Hedwig Dohm wohnt nahe bei der Familie ihrer zweiten Tochter Elsbeth, in deren Haus sie ab den neunziger Jahren sogar ihre Wohnung hat und von der sie – wie Enkelin Hedda Korsch vermutet – finanziell abhängig ist.

»Hermann Rosenberg, Hedwig Dohms Schwiegersohn, war Direktor der Berliner Handelsgesellschaft und fest in alten herrenrechtlichen Anschauungen verbunden. So konnte Hedwig Dohm von seiner Familie zwar herzlich geliebt und umsorgt werden; ihre Gedanken und die Ziele ihres lebenslangen Kampfes aber wurden nicht ernst genommen, sondern als exzentrisch empfunden.«[6]

Auch nach dem Tod ihres Mannes ist Hedwig Dohm ins gesellschaftliche Leben eingebunden. Es besuchen sie unter anderem Frauen aus den verschiedenen Flügeln der Frauenbewegung wie die konservative Helene Lange, die Radikalen Adele Schreiber und Minna Cauer, die Vorkämpferin für soziale Frauenberufe Alice Salomon, die Sozialdemokratin Lily Braun, die Begründerin des Schlagwortes »Jahrhundert des Kindes« Ellen Key, der Herausgeber der Zeitschrift *Die Zukunft* Maximilian Harden, die Schriftstellerin Else Lasker-Schüler, Enkelin Katia und der Dichter Thomas Mann – alles Menschen, die im Leben jener Zeit eine bedeutende Rolle spielen.

In ihrer Wohnung empfäng Hedwig Dohm nicht nur Besuch, sondern sie arrangiert auch Lesungen – zum

Beispiel von Rudolf Steiner*. Unablässig bildet sie sich weiter, noch mit weit über siebzig hört sie philosophische Vorlesungen in der Universität. Sie liest alle wichtigen neu erscheinenden literarischen Werke, rezensiert in verschiedenen Zeitschriften – vor allem Frauenliteratur –, verfolgt das politische Zeitgeschehen und diskutiert all dies mit ihren Gästen. »Man muss sehr aufpassen, um dir folgen zu können, Hedwig Dohm! Du verlangst von deinem Gast durchaus nicht wenig. Er soll dir literarisch gewachsen sein und du weißt unheimlich Bescheid in den literarischen Erzeugnissen der Vergangenheit und Gegenwart; kommen wir erst auf politisches Gebiet, dann blitzen deine Augen und die Waffen werden schärfer; springen wir gar über zu den Rechten der Frauen oder vielmehr zu ihrer Rechtlosigkeit, dann, Hedwig Dohm, bist du jung, so jung!«[7], berichtet Minna Cauer später in einem Artikel zu Hedwig Dohms achtzigstem Geburtstag.

Hedwig Dohm bewegt sich aber auch in weniger progressiven Kreisen, in der bürgerlichen Verwandtschaft sowie in der Gesellschaft der Bankiers und Fabrikanten, der Neureichen und Aufgestiegenen. Inzwischen ist sie nicht mehr ganz so zurückhaltend. So berichtet sie, wie sie einen Bankdirektor geradeheraus fragt, warum er denn keine weiblichen Angestellten be-

---

* Gründete 1913 die *Allgemeine Anthroposophische Gesellschaft*, 1919 die erste Waldorfschule in Stuttgart.

schäftige, und er sich damit herauszureden versucht, dass man es den Frauen nicht zumuten könne, ohne Aufstiegschancen zu arbeiten! Ein Streitgespräch scheint sich daran nicht anzuschließen, wohl aber macht sich Hedwig Dohm wie immer eine geistige Notiz, um das Gehörte später zu verarbeiten.

Dem Modediktat ihrer Gesellschaftsschicht unterwirft sich Hedwig Dohm nun nicht mehr. Eng geschnürte Korsetts, lange Röcke, hinten hochgebauscht, hemmen die Bewegungsfreiheit der Frauen. Seit 1886 gibt es einen Verein für die Verbesserung der Frauenkleidung, der sich für die Verbreitung von bequemer und gesunder Reformkleidung einsetzt, die auch Hedwig Dohm trägt. »Sie hatte schon früh aufgehört, sich in ihrer Tracht der Mode anzupassen. Sie fand, dass die damals üblichen Röcke und Blusen, die letzteren oft mit steifen Kragen, für die Schönheit des weiblichen Körpers sehr unvorteilhaft seien. Sie hatte sich geweigert, Krinolinen und Tournüren und später auch nur Korsetts zu tragen. In meiner Erinnerung fließen die dunklen Stoffe weich und gelöst um ihre sehr leichte und zierliche Gestalt.«[8]
Hedwig Dohm ist auf dem Gebiet der Gesundheit allen fortschrittlichen Gedanken aufgeschlossen; sie tritt für gesunde Ernährung ein, ist möglicherweise sogar Vegetarierin oder sympathisiert zumindest mit der Idee und misst der körperlichen Ertüchtigung in Sport

und Spiel – für beide Geschlechter – gleiche Bedeutung bei wie der geistigen. Licht und Luft sollen an den Körper. Dies alles sind zu ihrer Zeit durchaus noch nicht allgemein akzeptierte Ansichten.

In den achtziger und neunziger Jahren wird der Rahmen für gesellschaftliche Auseinandersetzungen weiter. Diskussionen finden nicht mehr nur in den Salons und den Männergesellschaften statt. Es hat sich inzwischen eine Massenpresse entfaltet, was eng mit dem technologischen Fortschritt verbunden ist – zum Beispiel der Einführung der Rotationsmaschine (1872) und der Erfindung der Setzmaschine (1884). Es gibt eine Reihe von Zeitschriften, auch Frauenzeitschriften, die sich den gesellschaftlichen Themen der Zeit widmen. Das Leben ist insgesamt öffentlicher geworden. Parlamente, Rednertribünen, Versammlungen, Vortragsveranstaltungen sind die Foren der Auseinandersetzungen, bei denen Frauen allerdings immer noch besondere Vorsicht wahren müssen. Politische Betätigung ist ihnen nach wie vor untersagt, in vielen Versammlungen sitzen Polizeispitzel. Noch sind es wenige Frauen, die eine politische Arbeit der Frau für erstrebenswert halten.

Und doch ist in den achtziger Jahren eine neue Generation von Frauen herangewachsen, die sich eine bessere Bildung ertrotzt, die zum Beispiel im Ausland studiert haben. Bei ihnen findet Hedwig Dohm in ihren radikalen Forderungen endlich Gleichgesinnte. Es sind u.a. Anita Augspurg, Lida Gustava Heymann, Helene Stöcker, Minna Cauer, die sich sehr couragiert für die Frauenrechte engagieren. Für diese »radikalen« Frauen stehen politische Fragen im Vordergrund, sie stehen dem Linksliberalismus und den utopischen Sozialisten nahe. Sie fordern für Frauen die gleichen Rechte wie für Männer und suchen bewusst die Auseinandersetzung mit der proletarischen Frauenbewegung, die sich als eigene Kraft bei scharfer Abgrenzung von den bürgerlichen Frauen entwickelt hat.

Die proletarischen Frauen und deren wichtigste Vertreterin, Clara Zetkin, weigern sich, Frauenprobleme klassenübergreifend zu betrachten. Für sie steht im Vordergrund die Auseinandersetzung mit der Kapitalistenklasse an der Seite der organisierten Arbeiter in der Sozialdemokratie. Dass dort die Frauenprobleme eher am Rande betrachtet werden, ändert sich etwas durch das Erscheinen des Buches von August Bebel *Die Frau und der Sozialismus* (1879). Er analysiert die historische Rolle der Frau, belegt in vielen Beispielen ihre Unterdrückung, wobei er die Unterdrückung durch die eigenen Ehemänner, die Arbeiter, nicht verschweigt. Sein Schluss ist grundsätzlich jedoch der gleiche wie bei allen anderen Sozialdemokraten: Die Befreiung der Frauen erfolge automatisch mit der Befreiung von der Klassengesellschaft. Klassenkampf bleibt Männersache. Bei Arbeitstagen von zwölf und mehr Stunden und einem Haushalt mit Kindern, an dessen Versorgung sich die Männer nicht beteiligen, bleibt den Frauen kaum Zeit für eine wie auch immer geartete politische Tätigkeit oder auch nur zum Lesen politischer Schriften.

Die bürgerlichen Frauen dagegen sind in einen radikalen und einen gemäßigten Flügel gespalten. Ihre grundsätzlich unterschiedlichen Auffassungen von der Rolle der Frau in Gesellschaft und Familie lassen nur gelegentliche Bündnisse zu. So präsentiert sich die deutsche Frauenbewegung zur Jahrhundertwende der Öffentlichkeit in drei Hauptrichtungen, was den Kampf wesentlich erschwert.

In der Auseinandersetzung um bessere Bildung und Berufsausbildung der Frauen kristallisieren sich die gegensätzlichen Standpunkte der bürgerlichen Frauen sehr deutlich heraus. Zwar erregt die im Jahre 1887 erscheinende, so genannte *Gelbe Broschüre* von Helene Lange, eine Petition an das preußische Kulturministerium, in der die herkömmliche Form der Mädchenbildung kritisiert wird, den Unmut preußischer Beamter. Inhaltlich sind die Forderungen jedoch eher konventionell, denn in den Mädchen soll vor allem auch das Weibliche erzogen werden. Allerdings soll auch eine Erweiterung des Fächerkanons auf Mathematik, Naturwissenschaften, Nationalökonomie und Geschichte die Grundlagen für eine erweiterte wissenschaftliche beziehungsweise gewerbliche Ausbildung schaffen.

In Hedwig Dohms Augen ist dies natürlich viel zu beschränkt – forderte sie doch bereits in den siebziger Jahren die gleiche Schulausbildung für Mädchen und Jungen, die Öffnung der Universitäten für Frauen, freie Berufsausübung für Frauen gemäß ihrer beruflichen oder wissenschaftlichen Qualifikation.

Dies sind auch im Wesentlichen die Forderungen des *Deutschen Frauenvereins Reform*, wenngleich der Verein zunächst einige taktisch einzuordnende Beschränkungen für die Frauenbildung hinzunehmen bereit ist. Und so zeigen Hedwig Dohms Bemühungen aus den siebziger Jahren endlich Früchte. Johanna Kettler zum Beispiel, die die Gründung des Vereins maßgeblich vorangetrieben hat, ist zwanzig Jahre jünger als Hedwig Dohm und offensichtlich von deren frühen Schriften beeinflusst, aus denen sie bei Vorträgen zitiert.

Hedwig Dohms Schrift *Der Frauen Natur und Recht* wird 1893 neu aufgelegt, findet breite Resonanz, wird 1896 sogar ins Englische übersetzt, weil es nach Ansicht der Übersetzerin im englischen Sprachraum nichts Vergleichbares gebe.

Der *Frauenverein Reform* will auf drei Gebieten tätig werden: Petitionen an Landtage und Behörden schreiben (dies ist die einzige Möglichkeit für Frauen, sich in diesen Gremien Gehör zu verschaffen), ein Mädchengymnasium errichten (was später dann auch in Karlsruhe mit Erfolg durchgeführt wird) und Aufklärung der Öffentlichkeit in Wort und Schrift betreiben. Letzteres wird wohl das Aufgabengebiet Hedwig Dohms. Ob sie das Begleitwort zum Aufruf des *Frauenvereins Reform* geschrieben oder zumindest mit verfasst hat? Der Stil, die knappe Analyse der Realität, die selbstbewussten Fragestellungen und natürlich die Inhalte lassen dies möglich erscheinen. Wie ihre konkrete Mitarbeit ausgesehen hat, lässt sich nicht rekonstruieren. Auf jeden Fall ist sie unverzichtbarer Motor der radikalen Frauen.

Die Petitionen des Vereins bleiben zunächst ohne messbaren Erfolg. Trotzdem gelingt es der Frauenbewegung in den nächsten Jahren, einige der Bildungsvorstellungen durchzusetzen: 1896 bestehen in Berlin die ersten Mädchen das Abitur und ab 1908 werden Frauen zur Universität zugelassen – doch noch längst nicht zu allen Berufen.

Zehn Jahre später beteiligt sich Hedwig Dohm von 1899 bis 1901 noch einmal als Beisitzerin an dem ebenfalls als radikal geltenden Verein *Frauenwohl*. Der Verein wurde 1888 von Minna Cauer gegründet und hat sich schon nach kurzer Zeit hauptsächlich die Agitation und Propaganda zur Aufgabe gemacht, denn den Mitgliedern ist schnell klar geworden, dass Politik und Frauenfrage zusammengehören. Seit 1891 tritt der Verein für die Friedensbewegung ein, 1894 beruft er als erster bürgerlicher Frauenverein eine öffentliche Versammlung ein, auf der das Frauenstimmrecht gefordert wird – was viele gemäßigte Frauen zum Austritt bewegt.

Auch hier ist unbekannt, wie Hedwig Dohms Mitarbeit aussieht. Später jedenfalls erwähnen ihre Zeitgenossen mit Bedauern, dass sie sich aus aller konkreten Vereinsarbeit herausgehalten habe.

Für einen so empfindsamen Menschen wie sie mögen die endlosen, quälenden und auch verletzenden Diskussionen und Streitereien innerhalb der Frauenbewegung unerträglich sein. Aus mancherlei Hinweisen in ihrem Werk lässt sich schließen, dass der kleinen, zierlichen Frau außerdem große Versammlungen, Menschenansammlungen überhaupt nicht behagen: »Aber ich komme mir in einer Menschenmasse so verloren vor wie ein Tropfen im Meer, als triebe ich irgendwohin ins Weite und Breite, und ich suche nach mir, und ich bin voll Angst, ich könnte mich nicht wieder finden.«[9]

Eine witzige Illustration dieser zögerlichen Haltung größeren Menschenmengen gegenüber ist ihr Besuch beim ersten Internationalen Frauenkongress in Berlin. Über die Vorträge vermöge sie nicht zu berichten, schreibt sie später in einem Artikel, da sie entweder so spät dran gewesen sei, dass sie gar nicht mehr in den Saal hineinkam und sich stattdessen auf eine Pferdebahn zurückgezogen habe, oder sie habe nur ganz hinten Platz gefunden und nichts verstehen können, da die Akustik des Raumes offenbar nur für kräftige männliche Stimmen geschaffen sei – nach dem Motto, die Frau schweige im Rathaus.

Der Kongress ist von Lina Morgenstern, Schriftstellerin und Gründerin der Berliner Volksküchen, einberufen worden und spaltet die bürgerliche Frauenbewegung aufs Neue: Helene Lange und die »Gemäßigten« wollen sich mit den alle fünf Jahre stattfindenden Tagungen des *International Council of Women* begnügen. Trotzdem berichtet Helene Lange später anerkennend, dass diesem Kongress viel Aufmerksamkeit gewidmet worden sei. Und das ist zumindest auch in Hedwig Dohms Augen das Wesentliche dieser Veranstaltung: »Der Kongress hat ein Gesamtbild entrollt, gewissermaßen ein weithin sichtbares Monumentalgemälde als Fresko, das wie ein Flammenzeichen wirkt. Auch die Kurzsichtigen zwingt es zum Sehen.« Hedwig Dohm entwirft – zwangsläufig – eher ein Stimmungsbild, wobei sie auch gleich mit dem landläufigen Vorurteil aufräumt, Frauen, die um ihre Rechte kämpften, die »Blaustrümpfe«, wären hässlich und abgetakelt: »Der Einwand, den die Gönner des ›Weibchens‹ im Weibe so gern bereithalten: dass nur bemooste Häupter, um nicht zu sagen alte Schachteln, oder solche Frauen, die durch Hässlichkeit der Männer heiligste Gefühle verletzen, der Frauenbewegung Stab und Stütze sind, ist durch den Kongress hinfällig geworden. Pikante und reizvolle Köpfchen gab es unter den Rednerinnen und Teilnehmerinnen in Fülle.

Die Jungen waren in der Mehrzahl.« Ihrem Artikel ist die Begeisterung darüber anzumerken, dass sie nun nicht mehr die einsame Ruferin in der Wüste ist, sondern sich eine weithin sichtbare Bewegung entwickelt hat: »In froher Begeisterung waren alle Augen der Rednertribüne zugewandt, als würde dort das Evangelium verkündet. Das war es auch: eine frohe Botschaft von der Unabhängigkeit – der materiellen und der geistigen – der Frau der Zukunft, die Botschaft von der Entdeckung eines Neulandes für das weibliche Geschlecht – einer Entdeckung, die vielleicht die Welt mehr umgestalten wird als die Entdeckung Amerikas oder die Erforschung des Nordpoles.«[10]

In der von Minna Cauer herausgegebenen, seit 1895 zweimal monatlich erscheinenden Zeitschrift *Die Frauenbewegung – Revue für die Interessen der Frauen* haben die radikalen Frauen ein Forum für Diskussion und Information. Ausdrücklich will das Blatt offen für alle Richtungen sein, sodass sich häufig Kontroversen über mehrere Ausgaben hinziehen. Hedwig Dohm liest die Zeitschrift regelmäßig, nutzt sie auch für ihre Diskussionsbeiträge. Ihr erster Text ist wieder eine Reaktion auf eine Veröffentlichung, die sie als Herausforderung empfindet.
»Es tut mir beinahe Leid, dass ich im Begriff bin, Frau Laura Marholm, eine unserer interessantesten Schriftstellerinnen, anzugreifen. Aber im Krieg sollen wir

bekanntlich weder Vater noch Bruder schonen, um wie viel weniger eine Schwester in Apollo. Und wenn diese Schwester uns von der Schwelle des gelobten Landes, dessen Eroberung für uns nur noch eine Frage der Zeit ist, zurückstoßen will, wird Abwehr Pflicht.«

So leitet Hedwig Dohm ihren nach beinahe zwanzig Jahren ersten veröffentlichten Beitrag zur Frauenfrage ein. »Es mag immer Sklaven gegeben haben, die ihr Sklaventum verteidigt haben«, fährt sie fort, so wie es auch Frauen gebe, die an ihrem Status nichts ändern wollten, einfach aus dem Grunde, weil es ihnen gut gehe.

An Laura Marholm empört sie jedoch die Tatsache, dass diese Frau aus voller Überzeugung die Inferiorität der Frau verkündet, noch dazu mit den »subtilsten Geisteswaffen«, denen sich Hedwig Dohm aber durchaus gewachsen zeigt. Sie zitiert Laura Marholms wichtigste Aussagen ungekürzt: »Das Weib – ja das Weib ist seelisch und physiologisch eine Kapsel über einer Leere, die erst der Mann kommen muss zu füllen.« Sie spickt diese Zitate hin und wieder mit in Klammern gesetzten eigenen Bemerkungen, ganz wie die Setzerbemerkungen, die heute in manchen Publikationen Mode geworden sind. Nach Aufdeckung aller Ungereimtheiten und Widersprüche in Marholms Text kommt Hedwig Dohm schließlich zu dem Schluss: »Das besprochene Buch ist nicht ein Buch der

Frauen. Es ist ein Buch von Laura Marholm. Es ist die überaus interessante Manifestation eines Ichs.«[11] Der Beitrag über Laura Marholm ist der Anfang einer ganzen Reihe von Artikeln, die sich mit den Gegnern der Frauenbefreiung – Frauen wie Männern – auseinander setzen und in den folgenden Jahren in *Die Frauenbewegung*, aber auch in der politisch-kulturellen Zeitschrift *Die Zukunft* veröffentlicht werden. Im Anschluss an ihre Beiträge entwickeln sich gelegentlich Kontroversen mit Leserinnen oder Lesern, auf die Hedwig Dohm stets mit einer Replik in der folgenden Nummer eingeht. Auf den Vorwurf hin, sie überziehe die von ihr Angegriffenen mit Spott und Hohn, erinnert sie zum einen daran, dass sie anlässlich ihrer Schriften in den siebziger Jahren selber verspottet worden sei – und da habe ihr keiner die Lanze gebrochen, und zum anderen konstatiert sie: »Die Wahl der Waffen steht dem Angegriffenen zu. Ich bedaure sogar lebhaft, dass mir nicht ein beißenderer Spott, eine tiefere Satire, eine lustiger knallende Peitsche zu Gebote steht«[12], um die Gegner der Frauenbefreiung anzugreifen. Keine Frage – Hedwig Dohm hat wieder die Feder gespitzt.

1902 erscheinen alle diese Aufsätze, teilweise ergänzt und überarbeitet, in einem Sammelband mit dem Titel *Die Antifeministen*. Verleger ist Hugo Bernstein, ein Anhänger der Frauenbewegung, der die Verlage

Dümmler und Hempel übernommen hat – bei Hempel war Hedwig Dohms erste Publikation, *Die Spanische Nationalliteratur*, erschienen. »Ein Buch der Verteidigung«, nennt Hedwig Dohm ihre Schrift im Untertitel. In einem Vorwort stellt sie klar, dass sie sich nicht gegen Personen, sondern gegen Ideen wendet: »Meine Feder ist nur mein Schild zur Abwehr der tödlichen Streiche, die man gegen mich als Weib führt.«[13] Und selbstverständlich werde sie sich nicht »ehrerbietigen Ernstes befleißigen, Einwürfen gegenüber, die den Spott in unvergleichlicher Weise herausfordern«. Jetzt – endlich! – ist die Frauenfrage eine akute geworden. »Auf der einen Seite werden die Ansprüche immer radikaler, auf der anderen die Abwehr immer energischer.« Natürlich, denn das Reich der Alleinherrschaft der Männer ist bedroht. Wen wundert's, wenn sie sich wehren? Nur wie!, klagt Hedwig Dohm. Immer nur Behauptungen – »wenn wir von gelegentlichen ethischen und ästhetischen Gefühlsschaudern absehen« – und »immer behaupten sie dasselbe – dasselbe«. Das scheine schon beinahe Methode – wie die Reklame, die auf großen Schildern den Menschen unablässig suggeriert, kaufen zu müssen. Darüber hinaus ignorierten alle Gegner der Frauenbewegung schlau die Argumente der Frauen, bezögen diese nie in ihre Aufsätze mit ein, damit sich die Leser oder Leserinnen der konservativen Zeitschriften, in denen sie publizierten, bloß nicht infizierten.

Schon im Vorwort wird klar, dass die inzwischen siebzigjährige Hedwig Dohm nicht einen Deut zurückgesteckt hat. Das Bewusstsein, inmitten einer Bewegung zu stehen, die Erfahrung ihres langen Lebens lässt sie beinahe noch schärfer, noch schlagfertiger, noch selbstbewusster formulieren. Ihre Grundüberzeugung ist nach wie vor die: Jedes Individuum, gleich welchen Geschlechts, welcher Rasse, welcher sozialen Herkunft, hat das Recht, sich seiner individuellen Begabung gemäß zu entfalten, und die Gesellschaft hat dafür den entsprechenden Rahmen zu schaffen.

Die Antifeministen setzt sich mit den männlichen und weiblichen Gegnern der Frauenbefreiung auseinander. Die männlichen Antifeministen teilt sie in vier Kategorien.

»Die Altgläubigen«, zu denen die Mehrheit gehöre, behaupteten, weil es schon immer so war, müsse es auch so bleiben. Die Ordnung der Gesellschaft beruhe auf Gott und den Naturgesetzen und demnach gehöre die Frau nun mal ins Haus.

Zu diesen Altgläubigen zählt sie auch den berühmten Philosophen Friedrich Nietzsche, den sie so liebt, aber trotzdem respektlos angreift, ja mit seinen eigenen Waffen schlägt, indem sie ihn zitiert: »Auch große Geister haben nur ihre fünf Finger breite Erfahrung. Gleich daneben hört ihr Nachdenken auf und es beginnt ihr unendlich leerer Raum und ihre Dummheit.« Und dieser leere Raum sei bei Nietzsche das Thema

Frau. Sorgsam zitiert Hedwig Dohm seine Äußerungen dazu, entlarvt die Widersprüche, schreibt manche der Vorstellungen dieses so »keuschen, frauenfremden« Mannes »Halluzinationen einer zu großen Enthaltsamkeit« zu. Sie beendet ihren Aufsatz mit einem Loblied auf Nietzsche als Dichter, als Maler des Wortes, als Bildhauer neuer Menschen, als Architekten neuer Gedankengebäude, als Musiker der Sprache – nur mit und über Frauen könne er nicht reden, was für sie eine grenzenlose Enttäuschung, ein »tiefes Herzeleid« bedeutet: »Es macht mich noch einsamer, noch älter, noch abseitiger.«

»Die Herrenrechtler« pochten auf ihre Rechte, verweigerten dem Weib die Bürgerrechte, weil es Weib sei. »Wenn die Frau nicht dümmer wäre als sie, wer dann? Wenn der arme Schlucker auch von allen Männern über die Achsel angesehen wird, als Mann steht er doch über der größeren Hälfte des Menschengeschlechts – über den Frauen. Da spielt er die erste Geige, die eigentlich eine Pfeife ist, nach der das Weib zu tanzen hat. Er, der an Geist zu kurz Gekommene, ist es, der des Weibes völligen Mangel an Logik fett unterstreicht, mit dem triumphierenden Ausdruck, als plansche er lebenslang in logischen Wonnen.«

Um zu illustrieren, wie diese Herrenrechtler heranwachsen, zitiert Hedwig Dohm dann ein Gedicht, das sie bei einer kleinen Enkelin fand:

Junge und Mädchen

Müller, Müller, mahl er!
Die Jungen kosten 'nen Taler,
Die Mädchen kosten 'nen Taubendreck,
Die schupft man mit den Beinen weg.

Müller, Müller, mahl er!
Die Mädchen kriegen 'nen Taler,
Die Jungen kriegen 'nen Reiterpferd,
Das ist wohl tausend Taler wert.

»Der Herrenrechtler lacht. Ich nicht.«
»Der praktische Egoist« – die dritte Kategorie – be-
trachte die Frage der Frauenemanzipation vom Standpunkt seiner eigenen Bequemlichkeit aus.
Zur vierten Kategorie zählen die »Ritter der Mater
dolorosa«[*]. Sie »gebärden sich teils als Schutzengel,
die ihre Götterhände über das gequälte Weib halten,
teils als Cerberusse, die der Unberufenen, die sich in
ihr Gehöft wagt, gefährlich die Zähne zeigen«.
Einer dieser »Ritter der Mater dolorosa« hat mit seiner
Frauen-Theorie erheblich Furore gemacht. Paul Julius
Möbius' Buch *Über den physiologischen Schwachsinn
des Weibes* erscheint 1900 und wird ein Bestseller – bis
1908 erscheinen acht Auflagen. Auch in den zwanziger
Jahren wird er noch einige Male aufgelegt.

---

[*] Mater dolorosa: schmerzerfüllte Mutter. Bezieht sich auf die Schmerzen Marias
   über die Leiden ihres Sohnes.

Hedwig Dohm vermutet schon vom Titel her »ein wenig Radau – Antifeminismus«. Die Schrift ist »amüsant«, befindet sie dann nach der Lektüre. Sie dankt dem Herrn für die »Offenheit« und »Ganzheit«, mit der er »seine tapfere Lanze für den Schwachsinn des Weibes einlegt, der nötig und nützlich für das Geschöpf sei, das nur zur Gebärerin und Brutpflegerin taugt. Letzteren Ausdruck lieben die Ärzte«, fügt sie hinzu, »wahrscheinlich wegen seines animalischen Beigeschmacks«. Möbius' Beweise für den weiblichen Schwachsinn sind schnell aufgezählt: Die geistige und moralische Beschaffenheit der Frau. Ihre Leistungen. Die Notwendigkeit ihres Schwachsinns um der Mütterlichkeit willen. Wissenschaftlich-anatomisch gebe es nur einen Beweis, und der betreffe die ganz mangelhafte Gehirnrinde des Weibes, die ein Arzt namens Rüdiger herausgefunden haben will. Was es mit dieser Art von Beweisführung auf sich hat, zeigt Hedwig Dohm anhand der vor Jahren geführten Debatte über die Minderwertigkeit der Frau wegen ihres kleineren Gehirns. Der Hauptvertreter dieser Argumentation ist inzwischen verstorben – sein Hirngewicht blieb hinter dem Durchschnittsgewicht weiblicher Gehirne zurück.

»Weib kontra Weib« nennt Hedwig Dohm den Abschnitt, den sie der Auseinandersetzung mit den Frauen widmet, die sich in ihren Werken den radikalen

Emanzipationsbestrebungen widersetzen. Dazu gehören die schon erwähnte Laura Marholm, Lou Andreas-Salomé und Ellen Key – alles Frauen, die sich selber auf eine bestimmte Art schreibend emanzipiert haben, trotzdem aber vehement gegen die Frauenrechtlerinnen, gegen die angebliche Vermännlichung der für ihre Rechte streitenden Frauen opponieren. Das Wort Frauenrechtlerin »schmeichelt sich nicht gerade ins Ohr«, befindet Hedwig Dohm, ist »noch dazu von unseren Gegnern ersonnen« und hat »einen etwas ironischen, nörglerischen Beigeschmack«. Deshalb möchte sie es ersetzt wissen: »Die Bezeichnung ›Radikale‹ oder ›äußerste Linke‹ dürfte genügen. Radikal heißt wurzelhaft und bezeichnet am besten das Wollen und Handeln jener streitbaren Frauen, die die Axt an die Wurzel der Übel legen.«

Und dann verteidigt die schon alte Frau die jungen Frauen der Bewegung, denen draufgängerischer Tatendrang, geistiges Akrobatentum, viel Ellenbogen, Haare auf den Zähnen nachgesagt werden: »Wer mauerfeste Vorurteile stürzen will, bläst nicht Schalmeien, wenn es auch nicht gerade Posaunen zu sein brauchen! Wohl möglich, dass der frisch gärende Most der jungen Freiheit einigen Heißspornen zu Kopfe steigt und ihnen etwas Geharnischtes gibt.« Schließlich agitierten Frauen zum ersten Mal in der Öffentlichkeit, natürlich fehle es ihnen hin und wieder an strenger Sachlichkeit und an Disziplin. »Könnten im Ernst unsere Gegnerinnen glauben, … dass bei dieser Frage von unermesslicher Tragweite, wo es sich darum handelt, Denkgewohnheiten von Jahrtausenden zu beseitigen, die zahme Propaganda durch ästhetische oder ethische Teekränzchen, durch Saloncauserien oder poetisierende und ethisierende Essays genügten?«

Hedwig Dohm diskutiert die Texte und Argumente der Frauen nicht weniger scharf als die der Männer. Sie übt keine falsche Solidarität, weist ungerührt auf Widersprüche, Ungereimtheiten, Gemeinplätze und Irrtümer hin.

Auch wenn die Fronten klar abgesteckt sind, so verurteilt Hedwig Dohm trotzdem nicht in Bausch und Bogen. Was Ellen Key zu den Rechten der Kinder sagt, kann sie voll unterstützen. Zu Lou Andreas-Salomé, der Schriftstellerin und Schülerin Sigmund Freuds, die Hedwig Dohm persönlich kennt, hat sie durchaus ein zwiespältiges Verhältnis. Denn sie findet bei Lou Salomé »Sätze zum Haarsträuben für eine Emanzipierte und wieder andere Sätze, die als stärkste Argumente für die Frauenemanzipation gelten könnten«. Die vielen schönen Bilder in ihren Schriften beeindrucken Hedwig Dohm, entsprechen gar manchmal ihren eigenen Empfindungen: »Ich möchte mich auch blumenhaft entfalten dürfen, ins Weite blühend und duftend; mich in selig lächelndem Phlegma, in intakter Harmonie wie ein schimmernder Wassertropfen zusammenkugeln.« Doch dann tritt ihr nüchterner

Verstand gegen die tiefen Sympathien: »Wie käme ich dazu, meine ganz individuelle Veranlagung zum Maßstab der ganzen Frauenwelt zu machen? Damit verfiele ich ja in den Fehler der Frauen, die sich mit anderen Frauen identifizieren. Nein, die Frauen in ihrer Gesamtheit lassen sich nicht unter einen Hut bringen … Es gibt Amazonen und Opferlämmer, Hypatias[*] und liebe, einfach Hausmütterchen – und alle wollen sich nach ihrer Wesensart betätigen und alle haben Recht, tausendmal Recht.«

Von Lou Salomé, dieser Frau von Welt mit dem Ruf der Femme fatale, wissen wir, dass sie sich nicht sonderlich um die Kritik der Hedwig Dohm bekümmert: »Den Aufsatz von Hedwig Dohm habe ich nicht gelesen. Ich lese nichts dergleichen, weil ich finde, dass es so sehr stört.«[14]

Es geht Hedwig Dohm nun allerdings nur vordergründig um die Auseinandersetzung mit den drei erwähnten Frauen. Sie will mit ihren Schriften aufklären, Argumente aufzeigen, denn sie weiß: »Neue Ideen müssen erst in das Gesamtgefühl der Majorität eindringen, ehe die Einzelnen sie ungestraft im realen Leben verwirklichen können … Der Weg vom Erkennen zur Tat geht über gefährliche Klüfte … Revolutionen werden nicht mit Rosenwasser gemacht. Es braucht aber nicht gerade Blut zu sein. Die Zeit ist die

---

[*] Hypatia: griechische Philosophin, die im 4. Jh. n. Chr. in Alexandria gelehrt hat, dort von fanatischen Christen ermordet wurde.

größte Revolutionärin; nur schreitet ihr eherner
Schritt langsam, langsam aufwärts.« Sie will aber auch
aufrütteln, Mut machen, zum Handeln anregen:
»Mehr Stolz – ihr Frauen! Nur auf den Nacken, der
sich beugt, tritt der Fuß des vermeintlichen Herren.«

Dichten

»Alles, was ich schreibe, steht im Dienste der Frauen.«
Hedwig Dohm,
Selbstanzeige des Romans Sibilla Dalmar, 1896

Seit den neunziger Jahren wohnt Hedwig Dohm in der Tiergartenstraße im vierten Stock unter dem Dach, »wo man dem Himmel näher ist als der Erde«[1]. Sie liebt die Höhenluft über dem Stadtgetriebe. »Man kann so mühelos zu mir kommen, von wegen des Fahrstuhls herauf und herunter.«[2] Die sonnige, blumenerfüllte Wohnung mitten im Tiergartenviertel, berichtet Adele Schreiber, zeuge von einer so ganz anderen, anheimelnderen, einfacheren und zugleich feineren Kultur als viele prunkende Häuser, die sie umgeben. Hedwig Dohm »erfreute sich … an den Besuchen vieler, zum Teil interessanter Menschen und bedeutender Menschen. Die lebhafteste Zeit des Tages war die Teestunde. Eifrig trottete sie mit dem Kessel voll kochenden Wassers hin und her, mischte den Extrakt, schenkte ein, ohne dabei die Leitung über den Gang des Gespräches zu verlieren. Bis ins hohe Alter traute sie niemand anderem zu, die Teezeremonie vollkommen und ohne Unfall ausüben zu können.«[3] Viele Stunden am Tag verbringt Hedwig Dohm mit Schreiben, macht sich nun auch endlich daran, wirklich zu »dichten«. Zwischen 1887 und 1910 veröffentlicht sie vier umfangreiche Romane und drei Bände mit Novellen.

Trotz dieser doch recht stattlichen Produktion wird ihr literarisches Schaffen meist als sekundär betrachtet, sozusagen als Anhängsel ihrer brillanten Streitschriften, an die ihre Dichtung sprachlich und inhaltlich nicht heranreiche und deshalb keiner besonderen Beachtung bedürfe. Bei einer solchen Betrachtung, die auch schon von Zeitgenossen Hedwig Dohms geäußert wurde, drückt sich vor allem in der Kritik von heute eine gewisse Enttäuschung aus, als habe Hedwig Dohm die in sie gesetzten Erwartungen einer mitreißend kämpferischen oder wenigstens die Zukunft eines befreiten Frauenlebens aufzeigenden Literatur nicht erfüllt.

Hedwig Dohms erste Novelle erscheint 1887 und trägt den Titel *Verfehltes Leben*, was beinahe als Motto für die fast durchweg weiblichen Hauptfiguren ihres Prosawerkes gelten könnte. Hier schildert sie das Schicksal einer jungen Frau, die in einer arrangierten Ehe mit einem traditionell männlich denkenden Junker lebt und versucht, schreibend aus ihrem langweiligen, unglücklichen Leben auszubrechen: »Mit meiner Feder habe ich mir den Käfig geöffnet, und der Vogel – ich weiß es selbst am besten, es ist nur ein ganz gewöhnlicher Hänfling, aber er kann doch fliegen, hoch in die Luft, und all das Herrliche, wovon er in seinem Käfig geträumt, das sieht er nun ...« Doch sie scheitert, bringt sich schließlich aus Verzweiflung um. Der Ehemann beginnt gegen Schluss zu ahnen, worunter seine Frau gelitten hat, er »hatte die Grenzen seines Rechts erkannt: das Recht des anderen!«[4] Mit diesem programmatischen Schlusssatz endet die Novelle, die schon die wesentlichen Grundsätze von Hedwig Dohms literarischem Schaffen deutlich werden lässt: Hedwig Dohm schildert in vielen Variationen, wie die Gesellschaft Menschen in eine bestimmte Rolle drängt, zu der sie angeblich ihre Geburt bestimme – sei es nun Geschlecht, Klasse oder Rasse, die aber so gut wie nie mit ihrer ursprünglichen, menschlichen Natur übereinstimmt.

Hedwig Dohm erzählt vorwiegend aus dem bürgerlichen Milieu, wobei sie allerdings soziale Fragen nie außer Acht lässt und eher unter psychologischen Aspekten ihre persönlichen Erfahrungen und Beobachtungen auf der Ebene der Fiktion verarbeitet.

Im Mittelpunkt stehen meist Frauen im Zwangskorsett ihrer Rolle – »aller weiblichen Kreatur werden von früh an die Flügel gestutzt«[5] –, die mit ihrem Schicksal hadern, sich zaghaft oder heftig in Wort oder Tat zu wehren versuchen oder aber verzweifelt den Tod suchen, im Wahnsinn enden. Es gibt aber auch emanzipierte Frauen wie die Ärztin in *Christa Ruland*: »Der Blick kühn, durchdringend … zielbewusste Sicherheit. Souveräne Haltung, süperbe Sicherheit, scharfe Logik …«

In dem 1906 erschienenen Novellenband *Schwanen-lieder* schreibt Hedwig Dohm sogar aus männlicher Perspektive. Das Rollenkorsett ist für Männer genauso einschnürend wie für Frauen, auch sie unterliegen Normen und Werten, die ihren Lebensweg bestimmen, unabhängig von dem, was sie sich selber erträumen. Was sonst als männliche Stärke gilt, kann individuell auch als Schwäche empfunden werden: »Ich sehe mich in animalischer Erniedrigung einer Dirne preisgegeben«[6], erinnert sich der alternde Bildhauer, ein Motiv, das auch in anderen Novellen gelegentlich auftaucht. Doch die meisten Hauptfiguren in ihrer Prosa durchleben oder durchleiden Entwicklungs- und Erkenntnisprozesse, die eng mit Hedwig Dohms eigenen biographischen Erfahrungen verknüpft sind: »Was ich je über Frauen geschrieben habe, es war in tiefster Seele Erlebtes.«[7] Das gilt vor allem für ihr Hauptwerk, die breit angelegte Trilogie, die sie unter das Motto *Werde, die du bist* gestellt hat. In einer »Selbstanzeige«, also einer Ankündigung des ersten Bandes *Schicksale einer Seele*, aus der anfangs ausführlicher zitiert wurde, heißt es: »In drei Romanen wollte ich drei Frauengenerationen des neunzehnten Jahrhunderts schildern, deren Repräsentantinnen den Durchschnitt zwar überragend, doch Typen ihrer Zeit sein sollten.« Es sind die Lebensbilder ihrer eigenen Familie – sie selber verkörpert die Generation der Großmutter –, die Lebensbilder ihrer eigenen Klasse.

Die Figuren und Ereignisse, die sie beschreibt, sind umso plastischer, lebendiger und eindrucksvoller, je mehr sie ihren wirklichen Erfahrungen zu entsprechen scheinen. In diesen Fällen ist der Stil knapp, eindeutig, genau und ohne Umschweife, spöttisch, unglaublich ehrlich und selbstkritisch und immer wieder von dieser eigentümlichen Bitterkeit, die auch ihre Polemiken durchzieht. Da klingt sie genauso wie in ihren Schriften und Aufsätzen, die sie ja häufig mit Begebenheiten aus ihrem Leben oder ihrem Bekanntenkreis spickt.

An anderen Stellen hingegen schlägt ihre Schwärmerei und Träumerei durch. Da wird wortgewaltig in Farben, Naturgewalten, Sinnestaumeln geschwelgt, da gaukeln phantastische Begebenheiten, schwärmerische Liebe, inniges Seelenverstehen Bilder vor, die Hedwig vermutlich in ihren Träumen ersonnen hat – sozusagen im Blick durch das magische Stückchen roten Glases, das das kleine Mädchen Marlene aus dem Roman *Schicksale einer Seele* so wundersam verzaubert hat.

Hier wird deutlich, worauf Hedwig Dohm selber immer wieder verweist: die Zwiespältigkeit ihrer Persönlichkeit, die zwei Seiten ihres Charakters und ihres Lebens, die Widersprüchlichkeit in sich selbst, die ihr Handeln bestimmen. Dies hat mit ihren grundsätzlichen Überzeugungen jedoch nichts tun tun – im Gegenteil. Der Konflikt in der eigenen Person mag diese sogar noch gefestigt haben, ist in ihren Augen doch die ihr anerzogene Frauenrolle für den inneren Zwiespalt verantwortlich.

Traum und Wirklichkeit, Denken und Handeln, Erkennen und Umsetzen, Den-Rahmen-Sprengen und Im-Rahmen-Bleiben, kristallklare Analyse und schwelgendes Schwärmen – zwischen diesen Polen bewegt sich Hedwig Dohm, dabei ständig mit sich selbst hadernd, nicht umsetzen zu können, was sie fordert. Als »Traumbündel« kam sie zur Welt, »je rauer die Wirklichkeit, je intensiver und leidenschaftlicher meine Träume«. Dass dieser Hang zum Träumen sie der Energie zum Handeln beraubt habe, bekennt Hedwig als ältere Frau, auch dass selbst die radikalen Ideen über Frauentum, die sie vertreten habe, »nicht einmal im Stande waren, das schädliche Dickicht meiner allzu vielen – so genannten – weiblichen Eigenschaften zu lichten«[8].

Häufig beschreibt sie die Einsamkeit derjenigen, die anders denken und fühlen als ihre Umgebung, dies aber nicht in Handeln umsetzen können. »Meine Vernunft, meine Intelligenz leben in den radikalen Anschauungen, die der Zukunft gehören, mein Geschmack und meine Gewohnheiten wurzeln im Zeitalter des Kapitalismus«, sagt Sibilla Dalmar im gleichnamigen Roman. »Bei uns Menschen in der Übergangsepoche muss man immer ein Auge zudrücken, wenn unser Denken mit unserer Lebensweise nicht übereinstimmt.« Doch gleichzeitig hängt sie hinter diesen Satz ein leises Fragezeichen – vielleicht könnte es ja doch gelingen, die tausend kleinen Fäden abzuschneiden, die am alten Leben festhalten lassen. Möglich wäre eine Zweiterziehung, eine Selbsterziehung.

Andererseits scheint es Hedwig Dohm völlig abzulehnen, handelnd die Zukunft vorwegzunehmen: »Wer zu seinem Privatgenuss die Schranken der Sitte niederreißt, ist wie einer, der in der Hungersnot sich heimlich mit Brot versorgt, während die anderen darben.«[9] Und ganz deutlich heißt es am Schluss einer Novelle aus *Frau Tannhäuser*: »Recht und Pflicht der lebenden Generation ist es, die Lösung in ihrem Denken anzubahnen, sie mit Taten antizipieren zu wollen, ist brutal.«[10] Auch dies hält sie jedoch nicht grundsätzlich durch, sie schildert oft mit deutlicher Sympathie Figuren, die versuchen, aus den Konventionen auszubrechen – die Grenzen zieht sie da, wo das Recht der anderen beschnitten wird.

Hedwig Dohms Romane und Novellen kann man auch heute noch als »Tendenzschriften« ansehen, wie ihr von zeitgenössischen Kritikern vorgeworfen wird und die sie deshalb der ungerechtfertigten Übertreibungen zeihen. So schlimm, wie sie die Gesellschaft beschreibe, sei die nämlich gar nicht. Hedwig Dohm erwähnt öfter den Erfolg des Romans *Onkel Toms Hütte* von Harriet Beecher-Stowe, der in ihren Augen wesentlich zur Sklavenbefreiung beigetragen hat. Genauso wichtig findet sie Bertha von Suttners Friedensroman *Die Waffen nieder!* Für Hedwig Dohm ist es völlig selbstverständlich, eine Tendenz zu haben. Sie will eine Aussage machen, in einer Form, die anders lesbar, anders nachvollziehbar ist, vermutlich auch andere Leserinnen, viel breitere Schichten anspricht als ihre polemischen Aufsätze. Literatur sei wichtig, um aus dem Gedankengefängnis der Tradition auszubrechen. In ihrer Prosa drückt Hedwig sehr eindringlich die Überzeugung aus, dass das eigene Leid, der eigene Schmerz als Legitimation gelten, uneingeschränkt nach individuellen Entfaltungsmöglichkeiten zu suchen. Dass die Menschen in ihren Büchern meist scheitern, liegt nicht an ihren Ideen, sondern an der Zeit, die noch nicht reif ist.

So sind es tatsächlich Hedwig Dohms Polemiken, die ihre mutig in die Zukunft schauende, alles radikal neu denkende, hoffnungsfrohe Traumseite repräsentieren, während die Novellen und Romane eher die tatsächliche, die zögerliche, verständnisvolle, mitunter resignierende, pessimistische Seite Hedwig Dohms ausdrücken. Nur selten flicht sie hier einige ihrer utopischen Vorstellungen ein. Insofern wird Hedwig Dohm nicht im Mindesten gerecht, wer sich nur mit ihren brillanten Pamphleten beschäftigt und meint, die Prosa vernachlässigen zu können. Beides ergänzt sich, gehört unauflösbar zusammen.

Sicherlich, eine gewisse stilistische Unbeholfenheit, melodramatisch vorgetragene Seelenkonflikte, weitschweifige impressionistische Naturbeschreibungen, zähflüssiger Handlungsablauf stören bei der Lektüre von Hedwig Dohms Prosa. Dennoch haben ihre grundsätzlichen Aussagen über die Beschränkungen des Frauenlebens in vielen Aspekten noch heute Gültigkeit. Hedwig Dohm rollt in ihren Werken ein überaus anschauliches Zeitbild auf, das ermessen lässt, wie radikal sie tatsächlich in ihren Emanzipationsansprüchen ist und wie vieles von dem, was sie anprangert, Frauen immer noch beherrscht. Deshalb ist Hedwig Dohms Literatur auch heute lesenswert.

Jung und Alt

»Untätigkeit ist der Schlaftrunk, den man dir, alte Frau,
reicht. Trink ihn nicht! Sei etwas! Schaffen ist Freude.
Und Freude ist fast Jugend.«
Hedwig Dohm,
Die alte Frau, 1903

Inzwischen ist Hedwig Dohm eine alte Frau mit mehr
als dreizehn Enkelkindern. Die kleine, zierliche Person trägt die weißen Haare kurz geschnitten, »sodass
sie sich kleidsam über den Ohren ringelten. Im späteren Alter trug sie auf dem Kopf ein Spitzenhäubchen,
meist schwarz auf hellem Grund – wahrscheinlich waren die Haare auf dem Kopf etwas dünn geworden«[1],
schreibt Enkelin Hedda Korsch.

Ihre älteste Tochter erinnert sich so an die Mutter:
»Wenn sie als alte Frau über die Straße ging, blieben
die Leute stehen und sahen ihr nach, so fabelhaft sah
sie mit ihrem durchgeistigten Gesicht und den großen
Augen, die schon hinter die Welt zu blicken schienen,
aus. Nie habe ich eine Frau gekannt, die gütiger, ver-
stehender, toleranter, warmherziger alles Menschliche
in sich aufnahm, deren Herz sich weit öffnete für jede
Freude und jedes Leid, jeden Fortschritt glühend begrüßte und im hohen Alter jünger und begeisterter
war als alle ihre Kinder und Enkel zusammen.«[2]

In einem Alter, in dem Frauen nichts mehr gelten in
einer Gesellschaft, die die Frau nur nach ihrem ge-

schlechtlichen Wert bemisst, blüht Hedwig Dohm offenbar regelrecht auf. Bereits in ihren frühen Schriften zürnt sie über die Art, wie alte Frauen ausgemustert werden. Selber alt geworden, greift sie dieses Thema noch einmal vehement auf: »War das Weib untauglich geworden zur Gebärerin, Kinderpflegerin und Geliebten, so hörte ihre Existenzberechtigung auf ... Nichts scheint mir für die alte Frau lähmender, abstumpfender als das ihr von der Gesellschaft aufgezwungene Bewusstsein. Du warst, du bist nicht mehr.« Diese Einstellung »entmenscht das Weib«, und Hedwig Dohm ficht in dem Aufsatz, aus dem diese Zitate stammen, für das Recht der Greisin zu leben. Und agitiert gleichzeitig die alten Frauen zu mehr Selbstbewusstsein: »Wer von der Gesellschaft nichts mehr will, hat nichts mehr zu fürchten. Das Grab gönnt jeder uns. Duckmäuser ihr! Was horcht ihr immer noch auf Beifall und Zischen der Gesellschaft!«[3] Vor allem sollten die Schwieger- und Großmütter sich aus dem Familienleben ihrer Kinder heraushalten, meint Hedwig Dohm, wie sie es auch selber versucht. Ihre kleinen Enkelkinder begegnen der Großmutter frei und offen, wenn sie sich denn doch einmal einmischt. Eines, gerade fünfjährig, das sie wegen einer Unart schilt, gibt zur Antwort: »Aber Großmutter, du hast hier gar nichts zu bedeuten.« Auch ihre sozialen Vorstellungen sind den kleinen, im Wohlstand aufwachsenden Enkeln aus der Rosenbergfamilie fremd.

Beim Einkaufen will Hedwig auch der Waschfrau ein Stück Kuchen mitbringen, da fragt das Kind erstaunt: »Aber Waschfrauen kriegen doch keinen Kuchen?«[4]

Der alten Frau rät Hedwig Dohm in dem erwähnten Aufsatz, ihr eigenes Leben zu führen und sich sorgfältigster Körperpflege zu befleißigen. Radeln, Reiten, Schwimmen, Reisen – nichts solle sich die alte Frau versagen, wenn sie Freude daran hat. »Andauerndes Schaffen, sei es mit Hand oder Kopf, wird, wie das Öl der Maschine, ihre Nerven- und Gehirnkräfte elastisch erhalten und ihr eine geistige Langlebigkeit verbürgen, weit über die Jahre hinaus, die bisher für sie den Abschied vom Leben bedeuteten. Untätigkeit ist der Schlaftrunk, den man dir, alte Frau, reicht. Trink ihn nicht! Sei etwas! Schaffen ist Freude. Und Freude ist fast Jugend.«

Diese Jugend hat sie sich offenbar durch ihre Arbeit wirklich erhalten. Sie verbündet sich eher mit ihren Enkeln und Urenkeln als mit ihren Töchtern oder gar ihrer eigenen Generation.

Welche Themen sind es, die sie – abgesehen von den Rechten der alten Frau – Anfang des neuen Jahrhunderts bewegen? Nachdem sie sich lange und gründlich mit der Frage von Ausbildung und Berufstätigkeit der Frau beschäftigt hat, geht es ihr nun um die veränderte Rolle der Frau in der Familie. Das betrifft natürlich auch die Beziehung zwischen Mutter und Kind, die ja bislang dafür herhalten musste, die Frau von jeglicher Berufstätigkeit fern zu halten

Die Mütter – Beitrag zur Erziehungsfrage erscheint 1903 im S. Fischer Verlag. Ähnlich wie in *Die Antifeministen* hat sie in dem Band bereits in Zeitschriften erschienene Aufsätze zusammengefasst und ergänzt. Mutterliebe, Mutterschaft und Berufstätigkeit, Fragen der Kindererziehung, die Mutter der erwachsenen Tochter, die Schwiegermutter der Zukunft, die alte Frau – das sind die Themen des Buches. Wer Hedwig Dohms frühe Schriften kennt, wird vieles wieder finden, was sie schon damals – vor dreißig Jahren! – gesagt hat. Es ist faszinierend zu verfolgen, mit welcher Zähigkeit und immer neuen Frische Hedwig Dohm ihre Argumente für die Emanzipation der Frau vorbringt, ohne auf gängige Meinungen oder Tabus Rücksicht zu nehmen, ohne irgendetwas von ihrer Radikalität eingebüßt zu haben.

Im ersten Kapitel räumt Hedwig Dohm mit dem Mythos der Mutterliebe auf: »Trotz der Heiligsprechung der Mutterschaft ist das Kind in der Menschheitsgeschichte noch nie zu seinem Recht gekommen.«[5] Dem Naturtrieb der Mutterliebe vermag sie nicht zu trauen – zu viele Beispiele sprechen dagegen. Erwachsene könnten fremde Kinder genauso lieben, als wären es die eigenen, ist ihre Meinung. Und die hohe Säuglingssterblichkeit und die vielen Fälle von Vernachlässigung oder Misshandlung der eigenen Kinder seien auch nicht gerade Belege für einen Naturinstinkt. Mutterliebe sei in Wirklichkeit oft nur »Interessenliebe« im Zusammenhang mit »Familienehre«.

»Des Kindes Wohlfahrt wird da am besten gewahrt, wo eine erzieherisch begabte Persönlichkeit von Intelligenz und Herzensgüte über ihm wacht, es leitet und führt. Besitzt die Mutter diese Eigenschaften – umso besser. Besitzt sie sie nicht, so wird das Kind in ihrer Sphäre das bestmögliche Gedeihen nicht finden.«

So kommen also die Kinder nicht zu ihrem Recht, »weil die Mütter selbst nicht zu ihrem Recht gekommen sind, das heißt nicht zur Entwicklung der Intelligenz, die ihnen das Verständnis für die Psyche des Kindes aufgeschlossen hätte … Die Emanzipation des Weibes ist das Recht des Kindes.«

Nachdem Hedwig Dohm mit der so genannten »Natürlichkeit«, dem Instinkt der Mutterliebe, aufgeräumt hat, kann sie ohne Einschränkung die Doppelrolle fordern – Erfüllung im Beruf, Erfüllung in der Mutterschaft, die ja nur einen Teil der Lebensspanne ausfüllt. Die Belastung, die heute diese Doppelrolle für viele Frauen bedeutet, ist für Hedwig Dohm kein Problem. Damals wird sowieso viel mehr als heute gearbeitet. Die Führung eines bürgerlichen Haushaltes (und nur darauf bezieht sie sich!) erfordert in Hedwig Dohms Augen wenig Energie, die sich in der Hauptsache darauf beschränkt, das richtige Personal auszuwählen und die nötigen Anordnungen zu geben. Und außerdem könnten die Tätigkeiten im Haushalt, also die Aufstellung eines Speiseplans, die Beschäftigung mit den Kindern durchaus eine willkommene Abwechslung bedeuten. Schließlich sei auch der Mann nicht ununterbrochen berufstätig, er verbringe viel Zeit im Club, am Stammtisch oder mit dem Regeln von Geldangelegenheiten und so weiter.

Berufstätigkeit sollte in Hedwig Dohms Augen eine selbst gewählte, befriedigende Beschäftigung sein. (Darunter fällt die Fabrikarbeit der Proletarierfrauen allerdings nicht, die andererseits aber zur ökonomischen Unabhängigkeit dieser Frauen notwendig ist.) Und Hedwig Dohm vermag es sich durchaus auch vorzustellen, dass der Mann im Haushalt mitwirkt, selbst zur Behaglichkeit des Hauses beiträgt.

Die Unabhängigkeit der Frauen vom Haushalt sieht Hedwig Dohm am ehesten gewährt, wenn die notwendige Versorgung außer Haus stattfindet: »Und schon machen sich die Anfänge zur Abrüstung der Hausküche bemerkbar. In welcher Weise ihre Beseitigung vor sich gehen wird, ob durch Wirtschaftsgenossenschaften, ob durch öffentliche, in allen Stadtteilen anzusiedelnde Küchen, die die Speisen ins Haus liefern, ob durch die Erfindung von Kochgeräten und Kochmethoden unter Anwendung einer unglaublich vervollkommneten elektrischen Technik, die das Märchen vom ›Tischlein deck dich‹ nahezu realisieren dürfte, ist heute noch unbestimmbar.« Der Zukunft

traut sie diesbezüglich allerhand zu, ganz andere For-
men des Familienlebens scheinen ihr denkbar.

Die technische Entwicklung, die Hedwig Dohm vo-
rausgesehen hat, ist eingetreten. Sie hat nicht nur Ent-
lastungen, sondern zusätzliche Belastungen gebracht,
weil mit dem Fortschritt auch die Ansprüche gestie-
gen sind. Geblieben ist darüber hinaus weitgehend die
traditionelle Form des Familienlebens – die »Abrüstung« des Haushaltes hat es nur beschränkt gegeben.
Die Frauen von heute kämpfen gegen die Doppelbe-
lastung in Haushalt und Beruf, fordern die Teilung
der Familienarbeit mit den Männern. Auch wenn es
schon einige ermutigende Beispiele gibt – die meisten
Männer sträuben sich nach wie vor.
Einen Großteil des Buches *Die Mütter* widmete Hedwig Dohm dem Kapitel Erziehung, wobei sie ohne
Frage ganz und gar auf der Seite des Kindes steht –
des schwächsten Gliedes der Gesellschaft. Sie fordert
eine planmäßige, intelligente, liebevolle Erziehung,
die auf die kindlichen Bedürfnisse Rücksicht nimmt.
Strafen sind dabei nach ihren Beobachtungen in der
Regel unangebracht. Schimpfen und Schelten sind ihr
zuwider: »Muss denn immer so viel Getöse bei der
Erziehung sein? ... Ich hörte, wie eine Mutter ihr
Kind am Weihnachtsfest derb und heftig schalt und
dann zu den Umstehenden sagte: ›Wie schön ist's
doch, Weihnachten im Kreise der Familie das Fest des

Friedens zu feiern.‹ Man beobachte, wie etwa auf einem Spaziergang die Mutter sich zu den Kindern verhält. Schelten und Anschreien ist in Permanenz: ›Lotte, du fällst ins Wasser‹ (das Kind denkt gar nicht daran) – ›Ernst, nicht so nah an den Baum, du machst dich grün‹ – ›Friedchen, herkommen, du hast ja Blaubeeren genascht‹ – ›Du sollst nicht – du darfst nicht – willst du nicht gleich‹ … Ein Spaziergang mit einer solchen Mutter ist nicht vergnüglich.« Wenn Hedwig Dohm bei ihren Spaziergängen im Tiergarten Dienstmädchen antrifft, die die ihnen anvertrauten Kinder knuffen oder puffen, dann greift die friedfertige alte Dame schon mal ein und es gibt heftige Szenen.

Nicht wichtig sei, wie viel Zeit Eltern mit ihren Kindern verbringen, meint Hedwig Dohm, sondern wie – eine Ansicht, die heute auch der Kinderpsychologe Bruno Bettelheim vertritt. Das Vorbild der Eltern sei maßgebend. Grundsätzlich gelte: das Temperament des Kindes nicht zu unterdrücken oder zu brechen, dem Kind Raum lassen zur freien Entwicklung, keine Prinzipienreiterei, weder Prügel noch andere Strafen, die nichts mit der Wiedergutmachung eventuell angerichteten Schadens zu tun haben, Unterstützung der Lernfreude und Lernbegierigkeit der Kinder, Offenheit und Wahrheitsliebe, weder Leistungsdruck noch Tadel, dafür Lob und liebevolle Unterstützung, keine Rassenvorurteile, soziales Verständnis. Durchaus auch heute noch nachahmenswerte Erziehungsvorstellungen, die damals mit Sicherheit ebenso radikal klingen wie Ende der sechziger Jahre die Forderungen der antiautoritären Erziehung.

Vor allem will Hedwig Dohm die Erziehung dem Zufall der häuslichen Umgebung und dem Drill der staatlichen Schulen oder dem Erwerbsstreben der privaten Schulen entziehen. »Es schweben mir ideale Erziehungshäuser vor, es können auch Villen oder Paläste sein, säulengetragene meinetwegen, hohe, sonnige Räume mit großartigen Gärten … In den Erziehungsstätten würden die Kinder nach den höchsten Erkenntnissen, die die Zeit überhaupt zu bieten imstande ist, erzogen werden.« Nur die allerbesten Charaktere seien zum Beruf des Erziehers und Lehrers geeignet – Männer wie Frauen.

Eine reine Utopie sind diese Gedanken schon zu ihrer Zeit nicht mehr. Es gibt bereits Landerziehungsheime, in denen die reformatorischen Erziehungsprinzipien eine neue Form gefunden haben. Hedwigs Enkelin Hedda Korsch wird später an einer solchen Schule unterrichten.

In dem Roman *Plein air*, der bereits 1891 erschienen ist, hat Hedwig Dohm eine kleine, bescheidene »ideale« Erziehungsstätte entworfen: Ein junger Mann mit charismatischen Zügen nimmt eine kleine Schar von Kindern verurteilter Verbrecher zu sich und lebt mit ihnen in einer Hütte im Wald. Knaben und Mädchen sind gleich gekleidet, verrichten die gleichen Arbeiten im Haushalt, den sie alle gemeinsam mit ihrem Lehrer bewirtschaften, lernen gemeinsam an der Natur und aus Büchern, die Großen helfen den Kleinen – jedes Kind kann sich seinen Anlagen und Fähigkeiten gemäß entwickeln. Hier zeigt es sich schon, dass Hedwig Dohm ihre Erziehungsvorstellungen nicht nur auf ihre eigene Klasse beschränkt.

Deutlicher noch sagt sie es in dem Novellenband *Schwanenlieder* (1906): »Der Staat öffne – ohne Geld dafür zu nehmen – alle Bildungsstätten von der Volksschule bis zur Universität und den Akademien allen, ausnahmslos allen, anstatt je nach Klasse, in der die Menschen geboren werden, Werkstatt und Atelier, Kanzel, Tribüne, Katheder und Straße unter sie zu verteilen. Vergewaltigung ist eine solche Abstempelung. Niemand wird als Proletarier, niemand als Fürst geboren. Ohne Lumpen und Krone kommen wir zur Welt. Das Recht aller Rechte ist das Selbstbestimmungsrecht ... Und wenn alle Hochschulen der Welt den Kindern armer Leute offen stünden, wer erhält sie dann während der Studienjahre? Der Staat, Herr Minister, oder die Gemeinde oder die Nation.«[6]

Auch die Notwendigkeit einer Sexualerziehung wird in diesem Buch angesprochen. Damit eilt Hedwig Dohm wieder vielen Zeitgenossen weit voraus. Sie fordert die völlige Aufklärung der Mädchen nicht nur über die Geburts-, sondern auch über die Zeugungsvorgänge, und zwar schon vor dem Eintreten der Pubertät. Die Fragen der Kinder sollten dem Alter angemessen, offen und ehrlich beantwortet werden. »Durch frühzeitige Aufklärung fiele das heimlich lüsterne Spüren nach den Geschlechtsgeheimnissen – Konversationslexikon und Bibel sind die beliebtesten Quellen –, das oft auf Jahre hinaus die Phantasie des weiblichen Kindes beschäftigt, fort.« Dies würde auch die brutale Aufklärung durch »Unberufene« verhindern, die bei den Mädchen oft solche Ängste auslösten, dass sie die Ehe scheuten. Die »zopfige Prüderie« müsse abgeschafft werden!

Ein weiteres heißes Eisen packt Hedwig Dohm im Kapitel *Die Mutter der erwachsenen Tochter* an: »Unsere Zeit braucht die ›Neue Mutter‹ wie das liebe Brot – die Mutter, die sich freiwillig und rechtzeitig ihrer Autorität begibt.« Hedwig Dohm fordert das Selbstbestimmungsrecht des heranwachsenden jungen Mädchens. Dem jungen Manne wird es zu ihrer Zeit schon weitgehend gewährt. Entweder verlässt er sein Elternhaus, um zu studieren, oder er bekommt wenigstens zu seiner Großjährigkeit den Hausschlüssel überreicht. Die Tochter hingegen hat zu sitzen und zu warten, bis der Mann fürs Leben kommt. Und selbst, wenn sie dann einen eigenen Haushalt hat, ist sie vor der Autorität der Mutter nicht sicher, die sich – mangels eigener Aufgaben – mit Macht in die Wirtschaft ihrer Tochter zu mischen versucht. Wenn die Tochter sich in ihr Schicksal fügt, so wird sie unterwürfig, unselbständig. Begehrt sie auf, verlässt ledig das Elternhaus, so muss sie in der Regel diese Freiheit mit einem harten, unsicheren, entbehrungsreichen Leben bezahlen. »Die innere Freiheit«, die der junge Mensch im Heranwachsen entwickelt, »ersehnt die äußere.« Die Eltern »sollen ihren Rat, ihre Beredsamkeit, ihr Wissen, ihre Erfahrung in den Dienst der Tochter stellen«. Das Beste für die Kinder wollen reiche allein nicht. Die Zwangskindschaft müsse beendet werden, Eltern müssten das Selbstbestimmungsrecht der zu »Individualitäten herangereiften Kinder« anerkennen. Wenn sich nun die verschiedenen Vorstellungen von Eltern und Kindern nicht »wie durch hohe Brückenbögen verbinden, nun, so hat die Natur eben die Bande, die sie knüpfte, wieder gelöst«.

Mütter klammern sich an ihre Kinder, weil diese angeblich ihr einziger Lebenszweck sind. Wenn die Mütter davon lassen könnten, wenn sie sich ihr eigenes Leben schafften, dann könne sich »aus der instinktiven Mutter- und Kindesliebe auf seelischer Grundlage, frei von Autorität und Pflichtenzwang, eine höhere, reinere Liebe entwickeln. Die Mutter Freundin der Tochter, die Tochter Freundin der Mutter!«[7] Was gäbe es dem aus heutiger Sicht noch hinzuzufügen?

Grenzpfähle stürzen

»Glaube nicht, es muss so sein, weil es so ist und immer
so war. Unmöglichkeiten sind Ausflüchte steriler
Gehirne. Schaffe Möglichkeiten.«
Hedwig Dohm,
Zur sexuellen Moral der Frau, 1911

Hedwig Dohms grundsätzliches Bestreben gilt der
»Veredelung des Menschen«, wozu die Befreiung der
Frau eine wesentliche Voraussetzung ist. Dieser Begriff klingt heute recht merkwürdig, antiquiert,
scheint elitäres, rassistisches Denken anzudeuten.
»Veredelung« gibt es bei Obst und Gemüse, der Tier-
züchtung. Bei den Nationalsozialisten wurde versucht, den »edlen« arischen Menschen durch entsprechende Auswahl der Eltern zu züchten. Heute gibt es
Befürchtungen, dass die Gentechnologie eine wie
auch immer ideologisch begründete angebliche »Veredelung«, also Auslese oder gezielte Beeinflussung
durch Genmanipulation, möglich mache.
Zu Hedwig Dohms Zeiten sind Worte wie Veredelung, Rassenvervollkommnung und auch Rassenhygiene gängige Begriffe, die allerdings inhaltlich doch
recht verschieden gefüllt werden. Den Hintergrund
dazu bildet die darwinsche Lehre von der Entstehung
der Arten. Die Evolutionsprinzipien der natürlichen
Auslese und geschlechtlichen Zuchtwahl werden von
dem Jenaer Zoologieprofessor Ernst Haeckel in sei-

nem 1868 erschienenen Werk *Natürliche Schöpfungsgeschichte* auf die menschliche Sozialgeschichte übertragen. Im Kampf ums Dasein scheiden sich die niederen von den höher entwickelten Rassen sowie deren Individuen voneinander. Haeckel will die germanische Rasse zur höchsten Stufe der Entwicklung führen. Er entwickelt aus Darwins Lehre eine völkisch orientierte Naturphilosophie. Zu dieser auf Naturwissenschaft und reiner Vernunft beruhenden so genannten monistischen Weltanschauung bekennen sich viele Intellektuelle, wie der links stehende Publizist Carl von Ossietzky, der Anarchist Gustav Landauer, der Sexualforscher Magnus Hirschfeld und auch Helene Stöcker, die erste deutsche Frau, die in Philosophie promoviert hat und zu einer Vorkämpferin für eine neue Ethik zwischen den Geschlechtern wird – eine Mitstreiterin Hedwig Dohms. Diese Weltanschauung bietet die Lösung von der christlichen Moral, indem sie Sexualität als Funktion der Arterhaltung und damit als natürlich betrachtet.

Andererseits bietet der Sozialdarwinismus all denen die rechte Theorie, die mit Sorge verfolgen, wie die Bevölkerungszahl in Deutschland ebenso wie die Zahl der Militärtauglichen abnimmt, die Zahl der Alkoholiker und Geschlechtskranken aber zunimmt. Sie befürchten, dass die moderne Kultur die germanische Rasse in kurzer Zeit in den »Rassetod« führe. Es müsse alles getan werden, um den Sieg der weißen

Rasse zu gewährleisten. Dazu müsse zunächst der natürlichen Auslese Raum gegeben werden, die durch die Sozialgesetzgebung aufgehalten wurde. Die Schwachen, Minderwertigen sollten aussterben, sich zumindest nicht fortpflanzen können. Das führt sogar so weit, dass die Ärztin Agnes Bluhm zu dem Schluss kommt, die Fortschritte der ärztlichen Geburtshilfe trügen zur Verschlechterung der Gebärfähigkeit bei, weil Frauen, denen mit Zangengeburt und Kaiserschnitt geholfen würde, ihre Gebärunfähigkeit weitervererbten.

Den Begriff »Rassenhygiene« macht der Mediziner Alfred Ploetz populär, der darunter nicht nur die Verhinderung der Weitergabe von minderwertigem Erbgut durch Fortpflanzungsbeschränkungen, sondern auch die Erforschung der Bedingungen versteht, unter denen die besten Fortpflanzungsergebnisse erreicht werden.

Gänzlich unbeeinflusst bleibt Hedwig Dohm von diesen Ideen nicht. Sie hat ja schon immer gefordert, dass man der Natur des Menschen gerecht werden müsse und nicht den Anforderungen von Sitte und Moral. Doch die Natur bedarf in ihren Augen der Vervollkommnung, der Kultur. Nicht die weiße oder europäische Rasse soll sich durchsetzen – und die arische nun schon gar nicht –, sondern die Menschheit insgesamt soll sich vervollkommnen, darin sieht sie die Evolution. »Das Menschentum wird oder kann ungeheure Steigerungen erfahren, möglicherweise bis zum Engeltum oder – um mich bescheidener auszudrücken – bis zum Übermenschen. Mit der immer fortschreitenden, sich verfeinernden Zivilisation wird ganz von selbst die menschliche Rasse sich veredeln. So denkt, so hofft der Optimist. Dessen nicht ganz sicher«, fügt sie hinzu, »ist der Pessimist.«

Sie widerspricht energisch den Vorstellungen biologischer »Veredelungen«, etwa der Liebeszuchtwahl, die den besten Menschenexemplaren zur Geburt verhelfen, den minderwertigen den Zugang zum Leben verhindern soll: »Die Liebe ist in vollster, hellster Wirklichkeit biologisch blind.«[1] Allerdings erwägt auch sie ein Verbot der Fortpflanzung für Kranke und »Degenerierte ... im Dienste der Deszendenz«, wenn dies in der Praxis überhaupt durchführbar wäre. Eine so entsetzliche Konsequenz wie das Euthanasieprogramm der Nazis, das ja auch auf den Grundsätzen der Rassenveredelung fußte, wird sie sich nicht haben vorstellen können.

Mutterschutz und »die gesetzliche Anerkennung freier sexueller Verhältnisse«, Sexualreform also, fordert Hedwig Dohm als Grundlage für die Weiterentwicklung der Menschen. Und hierfür setzt sie sich auch öffentlich ein – selbst mit Leuten zusammen, deren Standpunkt in Bezug auf Rassenhygiene sie nicht teilt. Wie ist die Lage der Frauen, was Mutterschaft und Sexualität betrifft, Anfang des Jahrhunderts?

Innerhalb der Ehe, dem einzig anerkannten Rahmen für Mutterschaft, hat die Frau wenig Rechte. Zwar ist das Allgemeine Preußische Landrecht zu Gunsten des Bürgerlichen Gesetzbuches – das mit einigen Veränderungen heute noch gilt – aufgehoben worden. Den Forderungen der Frauenbewegung, vor allem die Ehegesetzgebung zu Gunsten der Frauen zu verändern, wurde aber nicht nachgegeben. Der Frau wird lediglich die Verfügung über das von ihr erworbene Vermögen zugestanden – um der immer stärker werdenden Berufstätigkeit der Frauen Rechnung zu tragen. Ob die Frau allerdings berufstätig sein darf, bestimmt der Mann. Übrigens: Diese Bestimmung gilt in der Bundesrepublik Deutschland noch bis 1958 – trotz der grundgesetzlich festgelegten Gleichberechtigung von Mann und Frau. In der DDR werden schon mit der Verfassung von 1949 alle dem Grundsatz der Gleichberechtigung von Mann und Frau entgegenstehenden Gesetze aufgehoben. Bei allen Fragen bezüglich des ehelichen Zusammenlebens und der Kinder bleiben die Entscheidungen des Mannes ausschlaggebend.

Sexualität hat häufig ungewollte Mutterschaft zur Folge. Die Kenntnisse über Verhütungsmittel sind schlecht und deren Verbreitung hat ihre Grenzen. Die sozialdemokratische Presse nimmt zum Beispiel auf Anweisung von Karl Liebknecht keine Anzeigen für Verhütungsmittel auf. August Bebel, der so verdienstvoll für die Frauen geschrieben hat, lehnt Verhütung – also Coitus interruptus und Kondome – als widernatürlich ab.

Außereheliche Kinder gelten als nicht mit dem Vater verwandt und haben keine Erbansprüche. Wenn der Mann nachweisen kann, dass die Frau mit mehreren Männern verkehrt hat (und so mancher »gute« Freund erklärt sich zu einer solchen Aussage bereit), dann ist er von der Zahlung der Alimente befreit. Außereheliche Kinder und ihre Mütter werden diskriminiert. § 218 bis § 220 des Strafgesetzbuches für das Deutsche Reich sehen seit 1871 für eine Frau, die abtreiben lässt, Zuchthausstrafen bis zu fünf Jahren vor. Bezahlte Helfer erwarten bis zu zehn Jahren Zuchthaus. Obwohl Bordelle gesetzlich verboten sind, gibt es sie überall. Für Männer ist das Ausleben ihrer sexuellen Bedürfnisse vor und außerhalb der Ehe etwas völlig Selbstverständliches, während von Frauen bei der Eheschließung Jungfräulichkeit erwartet wird. In Bezug auf Sexualität herrscht also eine Doppelmoral – was Männern erlaubt und angemessen ist, hat für Frauen gesellschaftliche Ächtung, Überwachung und Strafen zur Folge. Es hat in der Frauenbewegung schon immer vielfältige Bestrebungen gegeben, gegen diese Doppelmoral anzugehen, was vom Staat besonders scharf verfolgt wird, aber auch den Widerspruch der konservativen Frauen herausfordert.

1905 wird der *Bund für Mutterschutz* gegründet, dessen erste Vorsitzende Helene Stöcker wird. Den Gründungsaufruf unterschreiben Frauen des linken Flügels der Frauenbewegung. So auch Hedwig Dohm und einige Sozialdemokratinnen. Die unterzeichnenden Männer sind fast alle Rassenhygieniker, darunter auch Alfred Ploetz. 180 000 uneheliche Kinder werden jährlich geboren, heißt es in dem Aufruf, nahezu ein Zehntel aller Geburten. »Und diese gewaltige Quelle unserer Volkskraft, bei der Geburt meist von hoher Lebensstärke, da ihre Eltern in der Blüte der Jugend und der Gesundheit stehen, lassen wir verkommen, weil eine rigorose Moralanschauung die ledige Mutter brandmarkt, ihre wirtschaftliche Existenz untergräbt … Die sorgsame Erhaltung jedes gesund geborenen Kindes ist also in jeder Hinsicht ein Gebot rationeller Rassenhygiene und wichtig für die Erhaltung unserer Volkskraft und Gesundheit.«[2]

Nach der Gründung lehnt der Bund es ab, lediglich gesunde Mütter zu schützen, wie die Rassenhygieniker es fordern. Der Begriff »gesund« ist in der Satzung überhaupt weggefallen, was Ploetz veranlasst, dem Bund für Mutterschutz rassenhygienischen Wert abzusprechen. Zweck des Bundes ist schließlich: Beihilfe zur Erreichung wirtschaftlicher Selbständigkeit der ledigen Mutter, Mutterschaftsversicherung, Verbesserung der rechtlichen Lage der Unehelichen.

Hedwig Dohm ist Mitarbeiterin des Vereinsorgans *Mutterschutz – Zeitschrift für Reform der sexuellen*

Ethik, aber wie ihre Mitarbeit konkret aussieht, ist auch hier nicht bekannt. 1908 wird die Zeitschrift in *Neue Generation* umbenannt und erregt mit einer Aktion zur Abschaffung des § 218 ungeheures Aufsehen. Die Argumente damals sind nicht wesentlich anders als heute: Im Vordergrund steht das Selbstbestimmungsrecht der Frau. Die Redaktion macht eine Umfrage bei 600 bekannten Persönlichkeiten: »Würden Sie eine Änderung der § 218 und § 219 bei der bevorstehenden Reform des Strafgesetzbuches für wünschenswert halten?« Zwei Monate später wird das Ergebnis veröffentlicht: Von 120 Einsendern erklären sich 75 mit der Forderung einverstanden, »die mit Willen der Schwangeren vorgenommene Abtreibung straflos zu lassen«[3]. Unter den namentlich aufgeführten Unterzeichnern ist auch Hedwig Dohm.

Merkwürdigerweise veröffentlicht Hedwig Dohm ihre eigenen Aufsätze über Liebe und Ehe in den *Sozialistischen Monatsheften* (zwischen 1909 und 1911). Vielleicht erhofft sie sich dort ein breiteres, neues Publikum, das mit diesen Fragen nicht so vertraut ist, wie es vielleicht die Leser der »Fachzeitschriften« schon sind.

Als Hedwig Dohm diese Schriften veröffentlicht, ist sie beinahe achtzig Jahre alt. Sie ist in Berlin eine bekannte und geschätzte Persönlichkeit, lebt nach wie vor im Hause ihres Schwiegersohnes. Ihr Äußeres ist schlicht, zeitlos. Sie trägt die weißen Haare offen und halblang oder kurz. Über die Haartrachten zu ihrer Zeit mokiert sie sich in ihren *Kindheitserinnerungen*, nennt sie »phantastische, gepuffte, gekräuselte, indianerhafte Getüme«, die sie sogar einmal für eine Pelzmütze hält. Diese Aufmachungen werden »aus den Mähnen längst feuerbestatteter Köpfe hergestellt« und zum Beispiel im »Coiffeur für penible Damen« am Kurfürstendamm den Modebeflissenen verpasst. Auch angesichts der Hutmode fragt sich Hedwig, ob ihr Glaube an die Größe des weiblichen Geschlechts nicht doch ein Irrglaube sei: Auf den Köpfen der Damen türmen sich »groteske Topfungetüme, umgekehrten Papierkörben ähnlich, und andere pyramidale Bedachungen«.

Ihr hohes Alter macht sich weder im Stil ihrer Artikel noch in ihren Auffassungen bemerkbar – sie ist radikal wie eh und je. Bei den Fragen um Ehe und Sexualität lässt sie aber ein gewisses Maß an Unsicherheit spüren. Sie verficht keine ehernen Grundsätze, will niemandem eine bestimmte Lebensform aufzwängen, die sie als richtig erkannt hat, fordert aber das Recht, nicht eingeschränkt zu werden, will auf dem Gebiet der Moral allein »von den eigenen Empfindungen ausgehen: Was mich persönlich verzehrt, was in meinen reinsten Stunden mein Gewissen, meine Vernunft verwirrt, das muss das Falsche, das Unsittliche sein.«[4]

Ob die freie Ehe die Pforte zu einer sexuellen Idealwelt erschließen würde, vermag sie nicht zu sagen. Was sie nicht ausspricht, was aber trotzdem eine große Rolle spielt: Freie Sexualität ohne Folgen ist zu jener Zeit nur bedingt möglich, denn die mangelnde Aufklärung, die schlechten oder fehlenden Verhütungsmöglichkeiten, die Gefahr der Geschlechtskrankheiten (noch ist das Penicillin nicht erfunden, das diese später wesentlich eindämmen hilft) sind ein unübersehbares Risiko. »Für ein Sexualleben von Frau und Mann, das zugleich der Natur und der Sittlichkeit Rechnung trägt, ist die Lösung noch nicht gefunden. Wir treten eben erst in eine Zeitepoche ein, die sie sucht«[5], sagt Hedwig Dohm in einem Aufsatz zur sexuellen Moral der Frau. Das Ringen um diese Form hat sie in ihren Romanen häufig dargestellt. So gesehen hat das Alter in ihren Augen einen eindeutigen Vorteil: »Die Jüngeren haben so viel mit der physischen Fortpflanzung zu tun. Ihr selig-unseliger Eros, der mit Venus vermählte, steht im Vordergrund ihres Lebens.«[6]

Trotz aller Unwägbarkeiten: Die Ehe, jedenfalls so, wie sie zu ihrer Zeit existiert, müsse ersetzt werden durch die freie Partnerschaft zwischen Frau und Mann, deren Grundvoraussetzung die ökonomische Unabhängigkeit der Frau sei. Weder Staat noch Kirche hätten sich in so eine frei gewählte Lebensgemeinschaft einzumischen. Solange noch die Polizei die Befugnis habe, gegen Paare einzuschreiten, die in freier

Ehe lebten, werden die zu eigener Ethik Erweckten vorläufig eine winzige Minderheit bilden. Und bevor die Frauen noch nicht finanziell unabhängig seien, plädiert Hedwig Dohm nur für die Lockerung des Scheidungsrechts zu Gunsten der Frau und gleichzeitig für eine Gesetzgebung, die den Frauen zu gleichen Rechten und damit zu der Möglichkeit der ökonomischen Unabhängigkeit verhilft. Und die kann in Hedwig Dohms Augen natürlich nur durch das Stimmrecht der Frau erlangt werden. Damit hat sie wieder den Bogen zu ihren ersten Veröffentlichungen geschlagen.

Seit Anfang des Jahrhunderts gibt es in Deutschland eine organisierte Stimmrechtsbewegung, die allerdings nie so fulminant in die Öffentlichkeit tritt wie die Suffragetten in England. Der Preußische Verein für Frauenstimmrecht bittet Hedwig Dohm, eine Propagandaschrift für den Verein zu entwickeln. Ihre Schrift *Erziehung zum Stimmrecht der Frau* bietet nichts, was sie nicht schon anderswo gesagt hätte. Sie meint einmal sogar selber: »Man kommt sich auf dem Gebiete der Frauenfrage immer wie ein Wiederkäuer vor.«[7] Jedenfalls sieht sie eine glänzende Zukunft voraus, die Zeichen der Zeit stehen auf gewaltige Veränderungen: »Der Geist der Zeit. Der Geist der Freiheit ist's. Freie kleine Menschen werden die Kinder. Hinaus ins Freie, aus den Städten drängen die Menschen, hin zu den Gartenstädten. In dem hoch kultivierten Finnland haben die Frauen das Stimmrecht erlangt. Die Dienstboten stehen im Begriff, freie Arbeiterinnen zu werden. Die Arbeiter tun sich gruppenweise zusammen und lassen sich von Berufenen unterrichten, um geistig frei zu werden. Und die Frauen! Die Frauen! Verschüttet seit Jahrtausenden warten ihre Kräfte. Gewonnen sind sie nun für die Kultur. Und die phänomenalen Triumphe der Technik! Nicht umsonst steuern die Luftschiffe durch den Äther, durchsausen die Automobile die Welt und spannen unsere Nerven zu einem Hinaus! Ins Weite, Freie, Endlose! Grenzpfähle stürzen, die für alle Ewigkeit errichtet scheinen.«[8]

Schmetterlinge

»Den Frauen, die ... ihre Naturanlagen
entwickeln durften, entwachsen aus dem üblichen
weiblichen Raupenzustand die Flügel.«
Hedwig Dohm,
Die Suffragettes, 1913

In der Zeit um ihren achtzigsten Geburtstag – also um
1911 – scheint Hedwig Dohm sich in einer ausgespro-
chenen Aufbruchsstimmung zu befinden, obwohl äu-
ßerlich dazu gar nicht unbedingt Anlass wäre. Die
Frauenbewegung ist zwar nach Aufhebung des Ver-
bots der politischen Betätigung von Frauen in Vereinen zahlenmäßig stärker geworden, aber gleichzeitig
auch konservativer. Die proletarische Frauenbewegung ist in der Sozialdemokratischen Partei aufgegan-
gen. Und in der Politik ist das Waffenrasseln der Mili-
tärs, die Deutschlands Ansprüche als Handel
treibende Nation in der Welt durchsetzen wollen, un-
überhörbar.
Und dennoch: Die Texte, die Hedwig Dohm um diese
Zeit veröffentlicht, haben eindeutig optimistische Zü-
ge. Die neue Frau, die ihr Lebensglück nicht nur in
Liebe und Familie, sondern ebenso in Studium und
Beruf sucht, wächst heran, auch in Hedwig Dohms eigener Familie. Einige von ihren Enkelinnen studieren,
werden Schauspielerinnen, sind berufstätig. In ihrem
Novellenband *Sommerlieben*, der 1910 erscheint, setzt

sie ihnen ein Denkmal, schildert drei junge Frauen, die sich bei der Kur oder in der Sommerfrische verlieben – aber trotzdem an ihren Berufswünschen festhalten. Sie sind frech und aufmüpfig, beobachten ihre Umwelt mit viel Witz, verlieben sich aber so romantisch wie eh und je – eine sogar in einen ausgesprochen antifeministischen Mann. Es sind beinahe fröhliche, mitunter sogar komische Geschichten, in denen trotzdem ernsthaft für das Recht auf Selbstbestimmung gefochten wird – und die nebenbei ein höchst aufschlussreiches Zeitbild über das Leben im Kur- oder Seebad vermitteln.

Hedwig Dohm verbringt selber regelmäßig den Sommer an der Ostsee auf der Insel Usedom, wo ihre Mutter herstammt, und zwar in Heringsdorf, einem der ältesten Seebäder auf dieser wunderschönen, grünen Insel. Berliner Familien, die es sich leisten können, verbringen mit Sack und Pack und Kind und Kegel und Dienstboten die Sommerfrische am liebsten am nahe gelegenen Meer, wo sie sich in Ferienwohnungen einmieten. Das Familienleben spielt sich meist auf den offenen Veranden ab. Dort – und auch von ihrer Badezelle am Wasser aus – hat Hedwig Dohm reichlich Gelegenheit, die schauderhaften Erziehungsmethoden von angeblich so guten Müttern zu beobachten und sich Notizen für ihre schriftstellerische Arbeit zu machen.

Immer noch schreibt sie unablässig, Rezensionen,

Aufsätze, ihre Kindheitserinnerungen. Und sie entwickelt in dieser Zeit auch eine neue Form: Sie schildert kleine Szenen als Dialoge, in denen sich Mutter und Großmutter, zwei Freundinnen, ein Liebespaar, Urgroßmutter und Urenkelin über die Emanzipation der Frau auseinander setzen und zu aktuellen Zeitfragen Stellung beziehen. Zum Beispiel mit den Suffragetten in England, deren radikales Vorgehen meist verurteilt, von Hedwig Dohm aber voller Verständnis kommentiert wird. Einige dieser kleinen Szenen veröffentlicht sie in *Die Aktion*, einem sehr kritischen, satirischen Blatt links von der SPD, das den kaiserlichen Obrigkeitsstaat, den Kapitalismus, die Kriegstreiberei scharf angreift.

»Lache mich nicht aus, aber ich halte das Alter beinahe für den schönsten Lebensabschnitt«[1], lässt Hedwig Dohm darin eine ihr sehr ähnlich wirkende Großmutter sagen.

»Als das Alter anfing, sich körperlich bei ihr bemerkbar zu machen, passte sie sich dem jeweiligen Zustand erstaunlich gut an. Sie ging zum Beispiel, wenn sie müde wurde, sehr früh ins Bett, vielleicht schon vor neun Uhr. Sie erwachte dann in den ersten Morgenstunden zwischen eins und drei, stand auf, machte sich einen guten Kaffee, frühstückte, las und schrieb zwei oder drei Stunden lang und legte sich noch einmal ins Bett. Bei Tag war sie dann wieder völlig frisch.«[2]

Hedwig Dohm ist stadtbekannt, bleibt aber bescheiden

zurückhaltend. Der Schriftsteller Georg Hermann schildert eine Begegnung mit ihr im Theater: »Sie war so verbogen wie ein Bumerang und schien kaum noch einen Meter hoch. Sie hatte ein phantastisches goldbesticktes Theaterkäppchen auf, unter dem ihr einige Strähnen schneeweißen Haares, wie gesponnenes Glas, über das Gesicht fielen. Die Haare waren abgeschnitten ... wie man das ... noch gar nicht kannte, und am wenigsten bei einem alten Frauchen ... Ich glaube, sie hatte einen arabischen Gazeschal über den Kinderschultern, in den solche Silberplättchen eingeschlagen waren, in allerhand Mustern ... Sie hatte ein reizendes, kleines Näschen und ein paar große, unerhört kluge und dabei schalkhafte Augen ... Sie sprachen davon, dass in diesem unglaublich verhutzelen Körperchen die Weisheit und die Erfahrung eines langen Lebens und die Eindrucksfähigkeit eines Kindes lebten und dass dieser kleine, sagenhafte alte Mensch da nicht im Einst, nicht im Heute, sondern nur im Übermorgen mit Generationen, die noch kommen werden, lebte. Ich bekam ein Schuljungengefühl, mir wurde heiß da oben auf der Stirn, und in den Armen prickelte es mir von tausend Nadeln, als ich vor das gekrümmte kleine Wesen trat und stotterte: ›Sie müsen Hedwig Dohm sein ... darf ich Ihnen die Hand schütteln?‹«[3]

Schon seit Jahren wird Hedwig Dohm in den verschiedensten Lexika aufgeführt als »eine der energischsten und geistvollsten Führerinnen der modernen Frauenbewegung«[4], die bekannt sei durch »ihr schneidiges Auftreten für die Frauenemanzipation; ebenfalls hat sich wohl nie eine Frau über Frauen und Frauencharaktere so offen ausgesprochen wie sie«[5].

Um diese Art von Veröffentlichungen hat sich Hedwig Dohm nie gekümmert und viele der Autoren scheinen sie persönlich auch gar nicht gekannt zu haben – ihr »schneidiges Auftreten« zum Beispiel muss der Phantasie eines Redakteurs entsprungen sein, der sich die Autorin so kühner Schriften vielleicht nicht anders vorstellen kann. In *Kürschners Literaturkalender* gibt es von einem Jahr zum anderen die widersprüchlichsten Angaben zu Hedwig Dohm, obwohl die Beiträge von den angeführten Autoren überprüft worden sein sollen. Auch Sophie Patzky behauptet dies für ihr *Lexikon deutscher Frauen der Feder*. Aber hier wie überall ist als Geburtsjahr von Hedwig Dohm das Jahr 1833 angegeben, was nachweislich nicht stimmt.[*] Was Hedwig Dohm dazu bewogen hat, dem nie zu widersprechen, wird ihr Geheimnis bleiben.

1913 – also zwei Jahre zu spät – feiern die Mitstreiterinnen der Frauenbewegung Hedwig Dohms achtzigsten Geburtstag, der auch in den Berliner Zeitungen gewürdigt wird. Minna Cauer, Anna Plothow, Anita

---

[*]   Siehe Nachwort.

Augspurg, Helene Stöcker, Frieda Radel veröffentlichen Artikel über sie, in denen sie als Bahnbrecherin der deutschen Frauenbewegung gerühmt wird, »die uns voranleuchtete auf dem Pfade zu Recht und Freiheit zu einer Zeit, da hinsichtlich des Frauenlebens noch Finsternis das deutsche Erdreich bedeckte«[6].

Auch der Verein *Frauenwohl* und der *Berliner Verein für Frauenstimmrecht*, dessen Ehrenpräsidentin Hedwig Dohm ist, laden zur Feier ihres Geburtstags zu einer Veranstaltung ein. Ob Hedwig Dohm mit der Familie diesen zweiundachtzigsten Geburtstag besonders gefeiert hat, ist nicht zu erfahren. Sie hat sich jedenfalls wohlweislich im engsten Familienkreis in die Wannseer Villa ihres Schwiegersohnes, des Generalkonsuls Rosenberg, zurückgezogen.

»Um das greise Geburtstagskind und seine Gesundheit nach Kräften zu schonen«, heißt es in einem Zeitungsartikel des »Berliner Tageblatts« am 20. September 1913, »hatte man sich alle persönlichen Gratulationen höflichst verbeten. Umso größer war die Anzahl von Blumensendungen, Telegrammen, Adressen und Gedichten, die nach Wannsee und zum Teil auch nach der Wohnung im Tiergarten ihren Weg fanden.«

Ein halbes Jahr später erfolgt eine weitere Würdigung Hedwig Dohms: Adele Schreiber veröffentlicht eine Biographie von ihr, wobei sie sich aber nicht auf Angaben von Hedwig Dohm selber stützen kann, die jedes Aufsehen um ihre Person scheut.

Hedwig Dohms so offensichtlich optimistische Stimmung in dieser Zeit mag darauf hindeuten, dass sie zufrieden auf ein Lebenswerk zurückblickt, das von vielen anerkannt wird, als Ansporn genutzt wurde und wird. Ist ihre Kühnheit von vor vierzig Jahren nicht endlich reichlich belohnt worden? Sind nicht wenigstens einige der »Träume der Sehnsucht, die alle diejenigen träumen, die ihr eignes, gottgewolltes Leben nicht leben dürfen«[7], wahr geworden oder doch in greifbarer Nähe?

Fliege, meine Seele, fliege!

»Auf der Schwelle des gelobten Landes werden wir wie
Moses sterben. Aber auch gleich Moses haben wir
hungernde Scharen durch die Wüste bis an die Tore des
Neulandes geführt. Ob Moses zufrieden starb?«
Hedwig Dohm,
Christa Ruhland, 1902

Im Sommer 1914 wird in Europa ein gnadenloser
Krieg vom Zaune gebrochen, in dem die europäischen
Mächte um die wirtschaftliche und militärische Vor-
herrschaft in der Welt kämpfen. Ein bis dahin bei-
spielloses Gemetzel breitet sich über die ganze Welt
aus: der erste Weltkrieg der Menschheitsgeschichte.
In Deutschland wird der Kriegsbeginn jubelnd gefeiert. Deutschland sieht sich umzingelt von feindlichen
Mächten, die seinen legitimen Anspruch auf Ausbreitung von Industrie und Handel hindern. Des Kaisers
Spruch: »Am deutschen Wesen soll die Welt genesen!«
soll jetzt mit begeisterter Zustimmung des Volkes mit
Waffengewalt durchgesetzt werden. Ein Hurrapatriotismus eint vormals verfeindete Gegner. Der Kaiser
kennt keine Parteien mehr, selbst die Sozialdemokraten stimmen im Reichstag mehrheitlich den Kriegs-
krediten zu. Frauen aus der Frauenbewegung werden
zu glühenden Patriotinnen – jetzt gilt ihre Pflicht dem
Vaterlande und nichts anderem. Hedwig Dohm kann
die Kriegsbegeisterung nicht teilen. Sie ist entsetzt.

»Ich war bei Hedwig Dohm«, schreibt Minna Cauer im August 1914 in ihr Tagebuch. »Sie ist gebrochen, sie sieht aus wie eine Tote – ›das zu erleben, dieses Barbarentum‹, ruft sie mir mit Tränen in den Augen entgegen. ›Nicht vor Christi Zeiten und nicht nach ihm gab es solche Menschenschlächterei.‹«[1]

Hedda Korsch schreibt über ihre Großmutter: »Es ist kaum nötig zu sagen, dass Hedwig Dohm keine Kriegsbegeisterung aufbrachte, sondern von Anfang an ein ausgesprochener Kriegsgegner war. Sie wusste und begrüßte es, dass ich einen radikalen Sozialisten geheiratet hatte, und zeigte ihm und uns uneingeschränkte Solidarität. Mein Mann wurde zum Kriegsdienst eingezogen und musste schon am zweiten Kriegstag mit einem Thüringer Infanterieregiment nach Belgien ausrücken. Er wurde nach wenigen Wochen wegen unpatriotischer Äußerungen vom Leutnant zum Feldwebel degradiert. Dies verursachte seinen Vater und seinen Bruder, die Beziehungen mit ihm abzubrechen, aber es erhöhte Mimchens* Achtung und Sympathie.«[2]

Die wenigen Kriegsgegner werden von Staat und Öffentlichkeit erbarmungslos verfolgt. Clara Zetkin und Rosa Luxemburg, die den Kriegskurs der Führungsspitze der Sozialdemokratie ablehnen und gegen den Militarismus und den imperialistischen Krieg agitie-

---

* Hedwig Dohm wurde von ihren Enkelkindern Mimchen oder Urmimchen genannt.

ren, werden festgenommen und eingesperrt. Alle Veröffentlichungen unterliegen der Zensur, auch Minna Cauers Zeitung *Die Frauenbewegung* steht unter Druck.

Hedwig Dohm – nun schon weit über achtzig Jahre alt – muss dem allen hilflos zuschauen. Mit ihrer Waffe – der Feder – kann sie nur noch begrenzt wirken, zumal sich auch langsam Alterserscheinungen bei ihr bemerkbar machen. Schon 1913 klagt sie in einem Brief an Auguste Hauschner über Probleme mit ihrem Gedächtnis, über »die Altersschwäche meines Denkorgans, das nicht mehr in Trab kommen will«. In einem anderen Brief im Jahr 1916 – auch wieder an die Schriftstellerin – bedankt sie sich für deren »schöne« Aufsätze, die sich offenbar mit dem Krieg befassen: »Meine Tochter hat sie mir vorgelesen und wir hatten eine wahre Freude daran. Ihnen das zu sagen, trug mir die – leider schon gestern Abgereiste – auf. Wäre ich nur 30 Jahre jünger. Ich täte einen Bund der Pazifistinnen stiften. Wir sind ja schon drei, aus drei können Millionen werden, und sind die Million eine Milliarde geworden, so haben wir den Weltfrieden.«[3]

Hin und wieder schreibt sie doch noch für die Öffentlichkeit, spricht sich eindeutig gegen den Krieg aus. In einer Zeitschrift *Das Land Goethes*, in dem ein Wilhelm Dörpfeld wünscht, dass die Millionen tapferer Krieger, die das Vaterland verteidigen, einen Homer finden, der ihre unvergleichlichen Taten der Nachwelt überliefert, zeichnet Hedwig Dohm ein kritisches Gegenbild auf. Wäre sie ein glühender Patriot, ein Held der Feder, ein Fatalist, der Teufel – sie wüsste jeweils gute Gründe für den Krieg. Wäre sie hingegen der liebe Gott: »Ich beauftragte Petrus, meinen Pförtner, allen Kriegsanstiftern, Kriegshetzern, Kriegsbrünstigen und Kriegsliebenden die Himmelspforte zu sperren. Bin ich ein Mensch – nichts als ein Mensch –, ich müsste ob dieses Krieges weinen, weinen, bis meine Augen vor Tränen blind geworden.«[4]

1915 schreibt sie für *Die Aktion* einen letzten großen Aufsatz, eine Art politisches Testament, in dem sie sich noch einmal zu ihren alten Grundsätzen bekennt. Senile Impressionen nennt sie den Text, der den Titel trägt: *Missbrauch des Todes*. Trotz des Entsetzens über den wahnsinnigen Krieg, über die Verblendung der Kriegsverherrlicher, ist der Artikel ein hoffnungsvoller Ausblick in die Zukunft, in dem sie noch einmal fast spielerisch die angeblichen Charakterzuweisungen für Frau und Mann – also Gefühl und Verstand – karikierend einsetzt. »Es gibt keine Vaterlandsliebe, die den Feindeshass heiligt«, heißt es am Schluss. »Der Krieg ist ein Sarg der Menschenliebe. Und ist es wahr, dass die Lust an der Menschenjagd als ein Wesenszug der menschlichen Natur eingeätzt ist, so ist diese Natur einer Reparatur bedürftig. Ändern wir sie! Ich glaube an den Fortschritt der Menschheit! … Tod dem Missbrauch des Todes im Krieg. Das Leben den Lebenden im Frieden bis zu seiner natürlichen Vollendung.« Der Aufsatz endet mit dem programmatischen Aufruf: »Alle Menschen werden Brüder!«[5] Das schreibt die vierundachtzigjährige Hedwig Dohm im Jahre 1915, als die Völker in unglaublicher Brutalität aufeinander einschlagen.

Danach veröffentlicht sie noch mehrere kleine Artikel, die der Frauenfrage gewidmet sind – sie fordert immer nachdrücklicher die politischen Rechte für die Frauen. Der Krieg hat viele Argumente gegen die berufliche und politische Betätigung der Frauen ad absurdum geführt. Da die Männer draußen im Krieg sind, müssen die Frauen sie in der Heimat ersetzen, müssen Aufgaben übernehmen, die ihnen zuvor nie zugetraut wurden. Die Frage des Frauenstimmrechts habe sich damit natürlich nicht erledigt. »Vorwärts! Aufwärts, meine Schwestern! Helft euch selbst, dann hilft euch Gott!«[6], appelliert die siebenundachtzigjährige Hedwig Dohm in *Die Frauenbewegung* an ihre Leserinnen.

Hedwig Dohms Leben nähert sich dem Ende. Im Juli 1918 besucht Georg Hermann, der sie vor Kriegsbeginn im Theater getroffen hat, sie »oben in ihrem Zimmer in der Tiergartenstraße, das groß wie ein Atelier war. Das Bett stand in einer Nische unter einer schrägen Wand des Daches. Und da drin hockte dieses Wesen mit dem Körper eines achtjährigen Mädchens und dem silber ziselierten, uralten Kindergesicht und sagte wundervoll-liebe und kluge Sachen. Sie war nur noch eine tönende Stimme, ein Spirit, eine fanatische, jugendliche Friedenskämpferin ... eine Rebellin also, denn es war ja Krieg. Sie, die kaum noch kräftig genug war, eine Fliege von ihrem Kopfkissen zu verscheuchen.«[7]

Ein paar Monate später ist das deutsche Kaiserreich am Ende. Mit einem Matrosenaufstand in Kiel beginnt die Revolution, die den Kaiser zum Abdanken zwingt, die Republik ausruft und den Krieg beendet. Am 12. November 1918 proklamiert der Rat der Volksbeauftragten die Einführung des gleichen, geheimen, direkten und allgemeinen Wahlrechts für alle männlichen und weiblichen Personen über zwanzig Jahre. Die Forderung, für die Hedwig Dohm vor weit über vierzig Jahren verspottet, verhöhnt, belacht und angefeindet wurde, ist nun Wirklichkeit geworden.

»Meine Asche in der Urne wird wieder glühen, wenn die Pforten des Reichstages sich den Frauen öffnen werden«[8], hatte sie einmal spöttelnd vorausgesagt. Ist sie nun glücklich, am Ziel angelangt zu sein? Wenigstens an diesem Punkt sozialistische und Frauenforderungen vereint zu sehen? Ihre Tochter Hedwig Pringsheim hat sie danach gefragt, aber die Mutter schüttelt »wehmütig ihren alten, schönen, lieben Kopf: ›Zu spät, zu spät.‹«[9]

Hedwig erlebt noch das Scheitern der Revolution.

»Einer ihrer letzten großen Schmerzen war die scheußliche Ermordung Rosa Luxemburgs, sie hat lange und bitterlich darüber geweint.«[10]

Die letzten Monate vor ihrem Tod sei Hedwig Dohm eigentlich nicht schwer leidend gewesen, sei meistens im Halbschlummer nach innen gekehrt, nur selten voll den Dingen dieser Welt zugewandt, schreibt Lida Gustava Heymann. »In einem solchen Moment sagte sie einmal schmerzerfüllt zu ihren Pflegerinnen: ›Ich fürchte, der Tod hat vergessen, mich zu holen; was soll ich noch auf dieser Welt.‹«[11]

Acht Tage vor ihrem Tod verfasst Hedwig Dohm ihre letzte Arbeit, die posthum unter der Überschrift »Auf dem Sterbebett« in der »Vossischen Zeitung« veröffentlicht wird. Sie schickt den Text mit ein paar einleitenden Worten, in denen sie sich »eine todessehnsüchtige, fast achtundachtzigjährige Greisin« nennt:

»Die Sterbende dachte und grübelte über das Leben nach, das sie im Begriff war zu verlassen. Leichte Schauer durchrieselten sie bei der Rückschau. Und ein grenzenloses Staunen kam über sie, dass die Menschen all die schnell vorüberhuschenden Kleinigkeiten, die des Lebens Inhalt sind, so ernst, so wichtig nehmen … Wissen wir doch alle, dass wir von Geburt an zum Sterben bestimmt sind, der Tod als sein unveräußerliches Recht auf uns lauert.« Noch einmal entwirft sie eine flammende Anklage gegen den Krieg und alle, die ihn rechtfertigen und anzetteln und mitmachen. Doch dann kippt der Text, wird zu einer bitterbösen Satire. »Und die Sterbende lächelte höhnisch, als ihr einfiel, dass die Erschaffung von Kreaturen, die von Geburt an zum Fraß der Würmer oder, wie bei Feuerbestattungen, zu einer Hand voll Asche wurden, vielleicht nur ein Spaß des Kosmos oder ein Experiment Gottes waren.

Hatte denn das Menschenleben überhaupt einen Sinn? Nein, nein, tausendmal nein. Ein grotesker Plunder ist's oder ein Wille zum Selbstmord. Lächerlich auch die zwecklosen Umstände, die sich der Kosmos mit der Erschaffung uns überflüssiger Zweibeiner gemacht hat. Könnte man sich doch zu Tode lachen! Und da lachte sie schon. Und sie lachte anhaltend, lachte gellend, überlaut und an ihrem Lachen erstickte sie.«[12]

Am 1. Juli 1919 um drei Uhr früh stirbt Hedwig Dohm an Lungenentzündung in ihrer Wohnung in der Tiergartenstraße, »körperlich leidend und schmerzvoll, geistig von wunderbarer Frische. ›Das also war das Leben?‹, fragte sie sterbend und in ihren schon brechenden Augen lag nichts als maßloses Staunen.«[13]

Nachwort

»Ich bin der Meinung, viele wissen heute gar nichts mehr von Hedwig Dohm«, schrieb Georg Hermann im Jahre 1928, noch nicht einmal zehn Jahre nach Hedwig Dohms Tod. Das hat sich bis heute wenig geändert.

Die meisten ihrer Werke waren schon zu ihren Lebzeiten vergriffen und wurden auch nicht mehr aufgelegt. Das hat Hedwig Dohm aber offenbar nicht weiter interessiert. »Von allen Veröffentlichungen, die gegen sie, über sie und auch von ihr erschienen sind, hat sie nichts aufgehoben, nur ganz weniges haben wir späterhin selbst vor dem Untergang bewahrt«[1], hat ihre Tochter Maria Adele Schreiber erzählt.

Im hohen Alter, während des Ersten Weltkriegs, verbrannte Hedwig Dohm während einer Nacht sehr viele Briefe, um nach ihrem Tod den Enkelinnen keinerlei Last aufzubürden, berichtete mir Golo Mann, Urenkel von Hedwig Dohm. So mag es zu erklären sein, dass von Hedwig Dohm kaum Briefe vorliegen, keinerlei Tagebücher, so gut wie nichts Privates, obwohl sie mit Sicherheit viele Briefe bekommen hat, sich bestimmt auch für ihre Arbeiten tagebuchartige Notizen gemacht hat. Daher gleicht die Spurensuche nach dem Verlauf von Hedwig Dohms Leben einem Puzzlespiel, bei dem viele Teile fehlen.

In Berlin, der Stadt, in der sie lebte und schrieb, erinnert fast nichts mehr an Hedwig Dohm. Wer auf dem Friedhof in der Großgörschenstraße, dem Kirchhof der St. Matthäusgemeinde, nach ihrem Grab sucht, durchstöbert vergeblich die Tafel mit den Namen der berühmten Persönlichkeiten, die hier beerdigt sind. Minna Cauer, die Gebrüder Grimm, David Kalisch, der mit Ernst Dohm zusammenarbeitete – ihre Gräber sind erhalten, die von Hedwig und Ernst Dohm nur noch in der Kartei vermerkt, die Grabstellen neu vergeben. Noch Anfang der dreißiger Jahre waren beide in einem Grabstellenverzeichnis bekannter und berühmter Persönlichkeiten aufgeführt – auch nachdem die Nationalsozialisten an der Macht waren. Das ist insofern bedeutsam, als Ernst Dohm und Hedwig Dohm zwar evangelisch getauft, nach der nationalsozialistischen Rassen-Gesetzgebung wegen ihrer Abstammung aber als Jude bzw. Halbjüdin galten. Auf diese Tatsache stößt man immer wieder bei den Nachforschungen nach Daten aus Hedwig Dohms Familienleben.

Im evangelischen Zentralarchiv sind Geburten, Eheschließungen und Todesfälle in den evangelischen Gemeinden Berlins aus den Jahren vor 1874 registriert, ab dann übernahmen in Preußen die Standesämter die Personenstandsaufnahme. Als die Nazis im Jahre 1935 ihre so genannten Nürnberger Gesetze erließen, in denen sie ihrem antisemitischen Rassenwahn staatliche Autorität verschafften und die Grundlage für die

Missachtung, Misshandlung, Vertreibung und Vernichtung eines Teiles der deutschen Bevölkerung legten, half ihnen der evangelische Berliner Stadtsynodalverband bei der Aussortierung der evangelisch getauften Menschen mit jüdischer Abstammung. Die bereits im Jahre 1903 eingerichtete »Zentralstelle zur Ermittlung von Eintragungen in den Registern der evangelischen Kirche« reichte für den so genannten Ariernachweis nicht mehr aus, denn nun mussten unzählige Christen den Nachweis arischer Abstammung von zwei Generationen erbringen. Der Stadtsynodalverband richtete daher in Zusammenarbeit mit der Reichsstelle für Sippenforschung die Kirchenbuchstelle Alt-Berlin ein, in der alle Berliner Kirchenbücher von vor 1874 zusammengeführt wurden.

Wie sorgfältig und gründlich gearbeitet wurde, merkt man, wenn man heute die Register einsieht. Mich überkam immer wieder das Entsetzen angesichts der zusätzlichen Vermerke »Fremdstämmig: Jude«, die ich bei den Eintragungen von Hedwig Dohm, ihrem Vater, ihren Geschwistern, ihrem Mann, ihren Kindern fand.

Hedwig Dohms Geburtsregistrierung findet man an vier verschiedenen Stellen: als Hedwig Schlesinger und als Hedwig Schleh (mit Verweis auf die Namensänderung 1851) – da gilt sie als »fremdstämmig«; als uneheliche Hedwig Gülich und Hedwig Jülich (der Name ihrer Mutter wurde wohl phonetisch geschrieben, im Berliner Dialekt sind j und g »ejal«, daher die beiden Versionen) – da fehlt der Vermerk. Bei allen Eintragungen wird auf den jüdischen Ursprung zurückverwiesen – in ordentlicher, sauberer Schrift.

Auch in den Kirchenbüchern der St. Matthäusgemeinde stößt man heute noch auf die Spuren der Nationalsozialisten. Zwischen manchen Seiten liegen Briefe aus dem Jahre 1936, in denen diverse Absender »in arischer Angelegenheit« um Geburtsurkunden ihrer Großeltern bitten. Formvollendet wird dem Gesetz Genüge getan – als handele es sich um irgendeine beliebige Amtsangelegenheit.

Auf die jüdische Abstammung verweist auch ein Vermerk in der standesamtlichen Beurkundung der Eheschließung von Hedwig Dohms ältester Tochter (1878). Im Jahre 1939 wurde nachgetragen, dass Alfred Pringsheim laut Gesetz zusätzlich den Vornamen Israel zu tragen habe.

Alfred Pringsheim und seine Frau konnten noch im Jahre 1939 in die Schweiz ausreisen und so der Ermordung durch die Nazis entkommen. Dies verdankten sie einem eigenartigen Geschäft mit der Gestapo im Jahre 1938, einem Raubvertrag, wie Enkel Golo Mann es nannte. Pringsheims ungeheuer wertvolle Majolika-Sammlung (mit Zinn glasierte, getöpferte Krüge und Teller) sollte in London von der Firma Sotheby's versteigert werden. Neunzig Prozent des Erlöses bekam die Gestapo, die Pringsheims nach Erhalt des

Geldes ausreisen ließ, zehn Prozent blieben den Ei-
gentümern. Die Versteigerung verzögerte sich allerdings um ein Jahr, der drohende Krieg schmälerte den
Erlös erheblich.

Katia und Thomas Mann emigrierten gleich nach 1933
aus Deutschland, desgleichen Hedda Korsch mit ihrem Mann.

Die jüngste Tochter Hedwigs starb schon in den
zwanziger Jahren, genau wie die beiden Rosenbergs.
Deren Sohn Hans, Astronom von Beruf, befand sich
im November 1938 während der Pogromnacht gegen
die Juden in Ankara. Er kehrte nicht nach Deutschland zurück, lebte später in Kopenhagen. Seine
Schwestern Käthe und Ilse wurden von den Nazis aus
der Rosenbergschen Villa vertrieben, flohen nach
London und lebten später in der Schweiz, wo sie auch
starben. Die Verfolgung von Hedwig Dohms Nach-
kommen durch die Nationalsozialisten ist ein weiterer
Grund, warum Hedwig Dohms Spuren so verweht
sind.

Heute erinnert in Berlin nur eine Schule an Hedwig
Dohm. 1919 wurde die *Richtersche Höhere Töchterschule* in eine städtische Mittelschule umgewandelt
und bekam den Namen *Hedwig Dohm Schule*. Die
Schule trug sogar in der Zeit des Nationalsozialismus
diesen Namen – auch das ein Beweis, wie vergessen
Hedwig Dohm war.

Der Schulleiter dieser Schule – Kurt Kubat – war es, der mit Nachforschungen über die vergessene Hedwig Dohm begann und seine Kenntnisse großzügig weitergab. Er hat in der Schule ein kleines Archiv eingerichtet, und alle auf dem Markt erhältlichen Bücher Hedwig Dohms gibt es als Klassensätze.

In den siebziger Jahren entdeckten die Frauen der neuen Frauenbewegung Hedwig Dohm für sich. Vor allem einer Schweizerin ist es zu verdanken, dass Hedwig Dohms Texte wieder einem breiteren Publikum zugänglich wurden. In mühsamer Arbeit forschte und suchte Berta Rahm nach Texten von und über Hedwig Dohm und veröffentlichte sie in ihrem Verlag. Sie war es auch, die als Erste das tatsächliche Geburtsdatum Hedwig Dohms herausfand.

1976 gab Arno Widmann Hedwig Dohms Werk *Die Antifeministen* neu heraus und 1986 erschien im Zwiebelzwerg Verlag der *Missbrauch des Todes*. Von Hedwig Dohms literarischen Arbeiten ist zunächst eine Novelle neu aufgelegt worden; 1988 begann der Verlag Frauenoffensive mit der Neuherausgabe ihres Romanwerkes.

Die zweite Frauenbewegung in Deutschland, die Ende der sechziger Jahre dieses Jahrhunderts begann, musste erst all die Vorurteile überwinden, die in den Jahren des deutschen Faschismus und der Wiederaufbauzeit des »Wirtschaftswunders« zementiert worden waren, bevor sie an das anknüpfen konnten, was Frauen wie Hedwig Dohm vor hundert Jahren gesagt hatten. Und was in der – immer noch männlich orientierten – Geschichtsschreibung mit Sicherheit auch wegen der Radikalität ihrer Gedanken und Forderungen verdrängt worden war. Hedwig Dohm hat sich zwar nur sehr bescheiden in die Frauenbewegung ihrer Zeit eingemischt, hat nicht als Politikerin mit der Macht einer Organisation die Rechte des fünften Standes durchzusetzen versucht – aber sie hat doch mit ihrem Wirken Entscheidendes zur Befreiung der Frau beigetragen. Sie hat den Frauen beigebracht, »ich« zu sagen, Mut gemacht, die eigene Identität zu finden, jenseits aller Klischees von Mütterlichkeit und Weiblichkeit. Was sie zu diesen Themen gesagt hat, gilt gestern wie heute, können sich Frauen wie Männer nach wie vor hinter den Spiegel stecken. Zur Ermutigung.

Heike Brandt

Zeittafel

1831	20. September: Geburt von Marianne Adelaide Hedwig in Berlin
1848	18. März: Revolutionäre Kämpfe in Berlin
1851	Namensänderung der Familie Schlesinger in Schleh
1852	Halbjähriger Aufenthalt Hedwigs in Spanien
1853	Heirat mit Ernst Dohm
1854	Geburt des ersten Kindes Hans Ernst
1855	Geburt d. Tochter Gertrude Hedwig Anna
1856	Geburt der Tochter Ida Marie Elsbeth
1858	Geburt der Tochter Marie Pauline Adelheid
ca. 1860	Geburt der Tochter Eva
1863	Gründung des Allgemeinen Deutschen Arbeitervereins mit Ferdinand Lassalle in Leipzig
1864	Preußisch-Österreichischer Krieg gegen Dänemark
1865	Gründung des Allgemeinen Deutschen Frauenvereins
1866	Preußischer Krieg gegen Österreich
ca. 1866	Hedwigs Sohn Hans Ernst stirbt an Scharlach
1867	Bismarck wird Kanzler des von ihm gegründeten Norddeutschen Bundes
1869	Gründung der Sozialdemokratischen Arbeiterpartei mit Wilhelm Liebknecht und August Bebel in Eisenach
1869–1870	Aufenthalt Hedwigs in Rom
1870–1871	Krieg des Norddeutschen Bundes und der süddeutschen Staaten gegen Frankreich, Gründung des Deutschen Reiches, Wil-

helm I. wird deutscher Kaiser, Bismarck Reichskanzler

1876	Franziska Tiburtius und Emilie Lehmus lassen sich als erste praktische Ärztinnen in Berlin nieder
1878	Heirat der beiden ältesten Töchter
1878–1890	Die Sozialistengesetze unterdrücken die politische Tätigkeit der Arbeiterbewegung
1883	Tod von Ernst Dohm
1888	Gründung des Frauenvereins Frauenwohl durch Minna Cauer
1888	Hedwigs dritte Tochter heiratet Gründung des Frauenvereins Reform mit Hedwig Dohm
1891	Die SPD bekennt sich in ihrem Erfurter Programm zur Gleichberechtigung der Frau
1893	Eröffnung des ersten Mädchengymnasiums in Karlsruhe
1894	Gründung des Bundes Deutscher Frauenvereine
1895	Minna Cauer gibt *Die Frauenbewegung* heraus
1896	In Berlin machen die ersten Mädchen Abitur. Internationaler Frauenkongress in Berlin
1899–1901	Hedwig Dohm Beisitzerin des Vereins Frauenwohl
1902	Gründung des Deutschen Vereins für Frauenstimmrecht
1905	Gründung des Bundes für Mutterschutz, Hedwig Dohm unterschreibt Gründungsaufruf
1908	Hedwig Dohm beteiligt sich an einer Un-

terschriftensammlung gegen den § 218, befürwortet Straffreiheit für Abtreibung. Die Universität in Berlin lässt Frauen zum Studium zu. Das Preußische Vereinsgesetz wird aufgehoben, Frauen können die Mitgliedschaft in politischen Parteien erwerben

1913 Offiziell wird Hedwig Dohms 80. Geburtstag gefeiert

1914 Beginn des Ersten Weltkrieges

1918 12. November: Der Rat der Volksbeauftragten proklamiert die Einführung des gleichen, geheimen, direkten und allgemeinen Wahlrechts für alle männlichen und weiblichen Personen über 20 Jahre. Ende des Ersten Weltkrieges, Revolution in Deutschland, Abschaffung der Monarchie

1919 15. Januar: Mord an Rosa Luxemburg und Karl Liebknecht. 1. Juni: Hedwig Dohm stirbt an Lungenentzündung in Berlin

Quellenverzeichnis

Träumen

1 Hedwig Dohm, Kindheitserinnerungen einer alten Berlinerin. In: *Als unsere großen Dichterinnen noch kleine Mädchen waren*. Franz Moeser Nachf., Leipzig, Berlin 1912 – Alle folgenden Zitate in diesem Kapitel, soweit nicht anders gekennzeichnet, ebd.
2 Adele Schreiber, *Hedwig Dohm als Vorkämpferin und Vordenkerin neuer Frauenideale*. Märkische Verlagsanstalt, Berlin 1914
3 Hedwig Dohm, *Schicksale einer Seele*. S. Fischer, Berlin 1899
4 Hedwig Pringsheim-Dohm, Meine Eltern Ernst und Hedwig Dohm. In: Vossische Zeitung, 1932
5 Hedwig Dohm, *Die wissenschaftliche Emanzipation der Frau*. Wedekind und Schwieger, Berlin 1874
6 Hedwig Dohm, *Was die Pastoren von den Frauen denken*. Schlingmann, Berlin 1872
7 Hedwig Pringsheim-Dohm, *Meine Eltern Ernst und Hedwig Dohm*, a. a. O.

Grübeln

1 Anna Plothow, *Die Begründerinnen der Frauenbewegung*. Rothbart, Leipzig 1907
2 Hedwig Pringsheim-Dohm, *Meine Eltern Ernst und Hedwig Dohm*, a. a. O.
3 Rudolf Hofmann, *Der Kladderadatsch und seine Leute*. A. Hofmann, Berlin 1898
4 Hedwig Dohm, *Schicksale einer Seele*, a. a. O. – Alle folgenden Zitate in diesem Kapitel bis zur nächsten Anmerkung ebd.

5 Hedwig Dohm, *Werde, die du bist.* Schottländer, Breslau 1894

6 Hedwig Dohm, *Vom Jesuitismus im Hausstande.* Wedekind und Schwieger, Berlin 1873

7 ebd.

8 ebd.

9 Hedwig Dohm, *Die wissenschaftliche Emanzipation der Frau,* a. a. O.

10 Hedwig Dohm, *Vom Jesuitismus im Hausstande,* a. a. O.

11 Hedwig Dohm, Herrenrechte. In: *Die Zukunft,* 1896

12 Ludwig Pietsch, *Wie ich Schriftsteller geworden bin. Erinnerungen aus den fünfziger Jahren.* F. Fontane & Co., Berlin 1893

13 Anna Plothow, Was ist uns Hedwig Dohm? In: Frauenrundschau des Berliner Tageblatt, 1913

14 Hedwig Dohm, *Was die Pastoren von den Frauen denken,* a. a. O.

15 Hedwig Dohm, *Der Frauen Natur und Recht.* Wedekind und Schwieger, Berlin 1872

16 Shlomo Na'aman, *Lassalle.* Fackelträger, Hannover 1970

17 Gustav Mayer (Hrsg.), *Lassalle. Nachgelassene Schriften.* Deutsche Verlagsanstalt, Stuttgart 1921 – Alle folgenden Zitate in diesem Kapitel bis zur nächsten Anmerkung ebd.

18 Shlomo Na'aman, *Lassalle,* a. a. O.

19 Hedwig Dohm, *Der Frauen Natur und Recht,* a. a. O.

Lernen

1 Hedwig Pringsheim-Dohm, *Meine Eltern Ernst und Hedwig Dohm,* a. a. O. – Alle zitierten Erinnerungen der ältesten Tochter ebd.

2 Paul Lindau, *Nur Erinnerungen.* Cotta, Stuttgart/ Berlin 1917/18

3 Hedwig Pringsheim-Dohm, *Meine Eltern Ernst und Hedwig Dohm*, a. a. O.

4 Hedwig Dohm, *Vom Jesuitismus im Hausstande*, a. a. O.

5 Ludwig Pietsch, *Wie ich Schriftsteller geworden bin*, a. a. O.

6 Hedwig Dohm, *Vom Jesuitismus im Hausstande*, a. a. O.

7 Hedwig Dohm, *Die Mütter.* S. Fischer, Berlin 1903

8 ebd.

9 Hedwig Dohm, *Die Antifeministen.* Ferd. Dümmlers Verlagsbuchhandlung, Berlin 1902

10 Hedwig Dohm, *Die wissenschaftliche Emanzipation der Frau,* a. a. O.

11 Hedwig Dohm, *Die Mütter,* a. a. O.

12 Dr. Adalbert Brauer, *Dümmler-Chronik.* Dümmler, Bonn 1959

13 Hedwig Pringsheim-Dohm, *Meine Eltern Ernst und Hedwig Dohm,* a. a. O.

14 Hedwig Dohm, *Der Frauen Natur und Recht,* a. a. O.

15 Hedwig Pringsheim-Dohm, *Meine Eltern Ernst und Hedwig Dohm,* a. a. O.

Kampfansage

1 Hedwig Pringsheim-Dohm, *Meine Eltern Ernst und Hedwig Dohm,* a. a. O.

2 Hedwig Dohm, *Vom Jesuitismus im Hausstande,* a. a. O.

3 ebd.

4 Hedwig Dohm, *Kindheitserinnerungen,* a. a. O.

5 Hedwig Dohm, *Der Frauen Natur und Recht,* a. a. O.

6 Fanny Lewald, *Für und Wider die Frauen.* O. Janke, Berlin 1870

7 Hedwig Dohm, *Was die Pastoren von den Frauen*

denken, a. a. O. – Alle folgenden Zitate in diesem Kapitel, soweit nicht anders gekennzeichnet, ebd.

8 Hedwig Dohm, *Vom Jesuitismus im Hausstande,* a. a. O. – Alle folgenden Zitate in diesem Kapitel, soweit nicht anders gekennzeichnet, ebd.

9 Hedwig Dohm, *Die wissenschaftliche Emanzipation der Frau,* a. a. O.

10 Jenny Hirsch in: Frauen-Anwalt Nr. 8/9 (1873/74), zitiert nach: Daniela Weiland, *Geschichte der Frauenemanzipation.* Econ, Düsseldorf 1983

11 Franziska Tiburtius, *Erinnerungen einer Achtzigjährigen.* Schwetschke, Berlin 1925

12 Hedwig Dohm, *Die wissenschaftliche Emanzipation der Frau,* a. a. O. – Alle folgenden Zitate in diesem Kapitel, wenn nicht anders gekennzeichnet, ebd.

13 Minna Cauer, Gruß und Glückwunsch. An Hedwig Dohm zum 75. Geburtstage. In: Die Frauenbewegung, 1. Oktober 1908

14 Hedwig Dohm, *Der Frauen Natur und Recht,* a. a. O. – Alle folgenden Zitate in diesem Kapitel ebd.

Rückzug

1 Theodor Fontane, *Causerien über Theater.* Hrsg. von Edgar Gross. Nymphenburger, München 1959.

2 Hedwig Dohm, Die kulturellen Werte. In: *Nord und Süd,* 125 (1908)

Ungebunden

1 Nach: Marianne Krüll, *Im Netz der Zauberer.* Fischer Taschenbuchverlag, Frankfurt/M 1993

2 Katia Mann, *Meine ungeschriebenen Memoiren.* S. Fischer, Frankfurt 1974

3 Hedwig Pringsheim-Dohm, Auf dem Fahrrad durch die weite Welt. In: Vossische Zeitung (Unterhaltungsblatt), 10.8.1930

4 Katia Mann, *Meine ungeschriebenen Memoiren,* a. a. O.

5 Hedwig Dohm, *Erinnerungen und weitere Schriften von und über Hedwig Dohm.* Ges. u. Vorw. Berta Rahm. Ala Verlag, Zürich 1980

Hin zum Neulande

1 Hermann Krätschell, *Carl Peters, 1856–1918.* Phil. dis. der Freien Universität Berlin, Berlin 1959

2 Bismarck, *Die gesammelten Werke,* Bd. 12, bearb. von Wilhelm Schüßler. O. Stoltberg, Berlin 1923

3 Hedwig Dohm, *Christa Ruhland.* S. Fischer, Berlin 1902

4 Hedwig Dohm, *Die Mütter,* a. a. O.

5 Hedwig Dohm, *Sibilla Dalmar.* S. Fischer, Berlin 1896

6 Hedwig Dohm, *Erinnerungen,* a. a. O.

7 Minna Cauer, Hedwig Dohm zum 80sten Geburtstag. In: Die Frauenbewegung, 15.9.1913

8 Hedwig Dohm, *Erinnerungen,* a. a. O.

9 Hedwig Dohm, *Plein air.* F. u. P. Lehmann, Stuttgart 1891

10 Hedwig Dohm, Nachlese vom Frauentag. In: Die Zukunft, 1896

11 Hedwig Dohm, Laura Marholms Buch der Frauen. In: Die Frauenbewegung, 1895

12 Hedwig Dohm, Auf die Ausführungen des Herrn Dr. Scholz. In: Die Frauenbewegung, 1897

13 Hedwig Dohm, *Die Antifeministen,* a. a. O. – Alle folgenden Zitate ebd.

14 zitiert nach: Ursula Welsch, Michaela Wiesner, Lou Andreas-Salomé – *Vom »Lebensurgrund« zur Psychoanalyse.* Verlag Internationale Psychoanalyse, München–Wien 1988

Dichten

1 Minna Cauer, Hedwig Dohm zum 80sten Geburtstag, a. a. O.

2 Hedwig Dohm am 22.1.1913, in: *Briefe an Auguste Hauschner.* Hrsg. von Martin Beradt, Lotte Bloch-Zavrel. Rowohlt, Berlin 1929

3 Hedwig Dohm, *Erinnerungen*, a. a. O.

4 Hedwig Dohm, Verfehltes Leben. In: Westermanns Illustrierte Deutsche Monatshefte, Jg. 63 (1887/88)

5 Hedwig Dohm, *Sibilla Dalmar*, a. a. O.

6 Hedwig Dohm, *Schwanenlieder.* S. Fischer, Berlin 1906

7 Hedwig Dohm, *Kindheitserinnerungen*, a. a. O.

8 Hedwig Dohm, Reaktion in der Frauenbewegung. In: Die Frauenbewegung, 1899

9 Hedwig Dohm, *Plein air*, a. a. O.

10 Hedwig Dohm, *Frau Tannhäuser.* Schottländer, Breslau 1890

Jung und Alt

1 Hedwig Dohm, *Erinnerungen*, a. a. O.

2 Hedwig Pringsheim-Dohm, *Meine Eltern Ernst und Hedwig Dohm,* a. a. O.

3 Hedwig Dohm, Die alte Frau. In: Die Zukunft, Nr. 42 (1903)

4 beide Episoden aus: Hedwig Dohm, Die Mütter, a. a. O.

5 Hedwig Dohm, *Die Mütter,* a. a. O. – Alle folgenden Zitate in diesem Kapitel, soweit nicht anders gekennzeichnet, ebd.

6 Hedwig Dohm, *Schwanenlieder,* a. a. O.

7 Hedwig Dohm, Die Mutter der erwachsenen Tochter, erstmals veröffentlicht unter dem Titel: Die neue Mutter. In: Die Zukunft, 1900

Grenzpfähle stürzen

1 Hedwig Dohm, Von der biologischen Liebe. In: Sozialistische Monatshefte, Nr. 23 (18.9.1909)

2 zitiert nach: Marielouise Janssen-Jurreit, Sexualreform und Geburtenrückgang. In: Annette Kuhn, Gerhard Schneider (Hrsg.), *Frauen in der Geschichte*. Schwann, Düsseldorf 1979

3 Die neue Generation, Nr. 11 (14.11.1908)

4 Hedwig Dohm, Über Ehescheidung und freie Liebe. In: Sozialistische Monatshefte, Nr. 13 (1909)

5 Hedwig Dohm, Die sexuelle Moral der Frau. In: *Ehe? Zur Reform der sexuellen Moral.* Internationale Verlagsanstalt, Berlin 1911

6 Hedwig Dohm, Mutter und Großmutter. In: *Mutterschaft. Ein Sammelwerk über die Probleme des Weibes als Mutter.* Hrsg. von Adele Schreiber. Albert Langen, München 1912

7 Hedwig Dohm, Gesichtspunkte für die Erziehung zur Ehe. In: Sozialistische Monatshefte, Nr. 10 (20.5.1909)

8 Hedwig Dohm, Über Ehescheidung und freie Liebe, a. a. O.

Schmetterlinge

1 Hedwig Dohm, Mutter und Großmutter. In: *Mutterschaft.* Hrsg. von Adele Schreiber. Albert Langen, München 1912

2 Hedwig Dohm, *Erinnerungen*, a. a. O.

3 Georg Hermann, *Die Zeitlupe.* Deutsche Verlagsanstalt, Berlin 1928

4 Deutsches Literaturlexikon, A. Krüger. C. H. Beck'sche Verlagsbuchhandlung Oskar Beck, München 1914

5 Martin Maack, *Die Novelle. Ein kritisches Lexikon über die bekanntesten deutschen Dichter der Gegenwart mit besonderer Berücksichtigung der Novellisten.* Eduard Strauch, Lübeck 1896

6 Anita Augspurg, Unserer Ehrenpräsidentin! In: Frauenstimmrecht, Jg. 2, H. 6 (Sept. 1913)

7 Hedwig Dohm, *Kindheitserinnerungen*, a. a. O.

Fliege, meine Seele, fliege

1 Else Lüders, *Minna Cauer.* F. A. Perthes, Gotha, Stuttgart 1925

2 Hedwig Dohm, *Erinnerungen*, a. a. O.

3 *Briefe an Auguste Hauschner*, a. a. O.

4 Hedwig Dohm, in: Das Land Goethes, 1914–1916

5 Hedwig Dohm, Mißbrauch des Todes, zitiert nach: *Der Rote Hahn.* Hrsg. von Franz Pfemfert, 1917

6 Hedwig Dohm, Eine Nachlese zum Frauenstimmrecht. In: Zeitschrift für Frauenstimmrecht, Nr. 34 (1./15.2.1918)

7 Georg Hermann, *Die Zeitlupe*, a. a. O.

8 Hedwig Dohm, Erziehung zum Stimmrecht der Frau. Preußischer Landesverein für Frauenstimmrecht, Berlin 1910

9 Hedwig Pringsheim-Dohm, *Meine Eltern Ernst und Hedwig Dohm*, a. a. O.

10 ebd.

11 Lida Gustav Heymann, Hedwig Dohm. In: Die Frau im Staat, Jg. 1, H. V/VI (Mai/Juni 1919)

12 Hedwig Dohm, Auf dem Sterbebett. In: Vossische Zeitung, 7.6.1919

13 Hedwig Pringsheim-Dohm, *Meine Eltern Ernst und Hedwig Dohm*, a. a. O.

Nachwort

1 Adele Schreiber, *Hedwig Dohm als Vorkämpferin*, a. a. O.

Bibliographie

Die wichtigsten Werke von Hedwig Dohm

1867 *Die spanische Nationalliteratur in ihrer geschichtlichen Entwicklung nebst den Lebens- und Charakterbildern ihrer klassischen Schriftsteller und ausgewählter Proben derselben in deutscher Übertragung.* Hempel, Berlin 1865–1867

1872 *Was die Pastoren von den Frauen denken.* Schlingmann, Berlin – Ala Verlag, Zürich 1977, 1986

1873 *Der Jesuitismus im Hausstande. Ein Beitrag zur Frauenfrage.* Wedekind und Schwieger, Berlin

1874 *Die wissenschaftliche Emanzipation der Frau.* Wedekind und Schwieger, Berlin – Ala Verlag, Zürich 1977, 1982

1876 *Vom Stamm der Asra, Lustspiel.* Lassar, Berlin, Uraufführung: 31.12.1874

1876 *Der Frauen Natur und Recht.* Wedekind und Schwieger, Berlin (2. Auflage 1899) – Ala Verlag, Zürich 1986

1876 *Der Seelenretter, Lustspiel.* Verlag der Wallishausser'schen Buchhandlung, Wien

1878 *Ein Schuß ins Schwarze, Lustspiel.* Weller's Allgemeine Schaubühne, Erfurt

1879 *Lust und Leid im Liede.* Hrsg. von H. Dohm und F. Brunold. Albrecht, Berlin–Steinitz, Berlin 1887

1879 *Der Ritter vom goldenen Kalb, Lustspiel.* E. Bloch, Berlin

1890 *Frau Tannhäuser, Novellen.* Schottländer, Breslau

1891 *Plein air, Roman.* Vlg. von F. u. P. Lehmann, Berlin

1894 *Wie Frauen werden – Werde, die du bist, Novellen.* Schottländer, Breslau – Verlag Arndtstraße, Frankfurt/M. 1977 und Ala Verlag, Zürich 1988

1896 *Sibilla Dalmar, Roman.* S. Fischer, Berlin

1899 *Schicksale einer Seele, Roman.* S. Fischer, Berlin – Frauenoffensive, München 1988

1902 *Die Antifeministen.* Ferd. Dümmlers Verlagsbuchhandlung, Berlin – Arno Widmann (Hrsg.), Verlag Arndtstraße, Frankfurt/M. 1976

1902 *Christa Ruhland, Roman.* S. Fischer, Berlin

1903 *Die Mütter, Beitrag zur Erziehungsfrage.* S. Fischer, Berlin

1906 *Schwanenlieder, Novellen.* S. Fischer, Berlin

1909 *Erziehung zum Stimmrecht der Frau.* Preußischer Landesverein für Frauenstimmrecht, Berlin (ohne Datum), 2. Auflage
Berlin 1910

1910 Sommerlieben, Novellen. Vita, Berlin/daraus: Naphtalin. In:
Die neue Mutter. Ala Verlag, Zürich 1987

1911 Die sexuelle Moral der Frau (Aufsatz). In: *Ehe? Zur Reform
der sexuellen Moral.* Internationale Verlagsanstalt, Berlin. WA
in: *Die Frauenfrage in Deutschland 1865–1915*, Elke Frederiksen
(Hrsg.), Reclam, Stuttgart 1981

1911 Fliege, meine Seele, fliege. In: Westermanns Monatshefte –
WA in: Hedwig Dohm, *Erinnerungen.* Ala Verlag, Zürich 1980

1912 Mutter und Großmutter. In: *Mutterschaft. Ein Sammelwerk
für die Probleme des Weibes als Mutter.* Hrsg. von Adele Schreiber. Albert Langen, München

1912 Kindheitserinnerungen einer alten Berlinerin. In: *Aus dem
Jugendland. Selbsterlebtes erzählt von Ludwig Fulda, Karl Ros-
ner, Adolf Wilbrandt, Ida Boy-Ed, Clara Viebig, Hedwig Dohm.*
Hillger Verlag, Berlin, Leipzig 1916 – WA in: Hedwig Dohm,
Erinnerungen. Ala Verlag, Zürich 1980

1912/13 Eine Schülerin Machiavellis. Ein gänzlich unmoralischer
Dialog zwischen den beiden Freundinnen Adda und Hilde. In:
Westermanns Monatshefte 113

1913 Die Suffragette's. Dialog zwischen Peter und Eva. In: Die
Aktion 3

1914 Feindliche Schwestern, Dialog zwischen Urenkelin und
Uroma. In: Die Aktion

1917 Mißbrauch des Todes – Senile Impressionen von H. D. In:
Die Aktion und in: *Der Rote Hahn*, hrsg. von Franz Pfemfert,
Nr. 1, 14–15, 17–18 – Zwiebelzwerg Verlag, Düsseldorf 1986

1919 Auf dem Sterbebett. In: Vossische Zeitung 7.6.1919 – WA in:
Hedwig Dohm, *Erinnerungen.* Ala Verlag, Zürich 1980

Zum Weiterlesen

Texte über Hedwig Dohm

Hedwig Dohm/Hedda Korsch, *Erinnerungen und weitere Schriften von und über Hedwig Dohm*. Ges. u. Vorw. v. Berta Rahm. Ala Verlag, Zürich 1980

Hedwig Dohm/Berta Rahm/Wally Zepler, *Die neue Mutter*. Ala Verlag, Zürich 1987

Hedwig Dohm, *Emanzipation und weitere Schriften von und über H. Dohm*. Hrsg. u. Vorwort von Berta Rahm. Ala Verlag, Zürich 1982

Julia Meißner, *Mehr Stolz, ihr Frauen*. Pädagogischer Verlag Schwann-Bagel, Düsseldorf 1987

Adele Schreiber, *Hedwig Dohm als Vorkämpferin und Vordenkerin neuer Frauenideale*. Märkische Verlagsanstalt, Berlin 1914

Anna Plothow, *Die Begründerinnen der deutschen Frauenbewegung*. Leipzig 1917

Wally Zeppler, Hedwig Dohm. In: Sozialistische Monatshefte, Nr. 21 (1913)

Texte zu Hedwig Dohms literarischer Arbeit

Ruth-Ellen B. Joeres, Die Zähmung der alten Frau: Hedwig Dohms Werde, die du bist. In: *Innsbrucker Beiträge zur Kulturwissenschaft, Germanistische Reihe Bd. 31*. Institut für Germanistik, Universität Innsbruck, Innsbruck 1986

Ruth-Ellen B. Joeres, Die »Fremdlinge der Menschheit«: »Schicksale einer Seele« als Frauenporträt. Nachwort in: *Hedwig Dohm, Schicksale einer Seele*. Frauenoffensive, München 1988

Philippa Reed, Vom »Angel in the House« zur »neuen Frau«. Zu Weiblichkeitsentwürfen in Hedwig Dohms Romantrilogie. In: *Kontroversen, alte und neue, Bd. 6*. Niemeyer Verlag, Tübingen 1986

Texte zu Frauenfragen

Marielouise Janssen-Jurreit, *Sexismus*. Fischer, Frankfurt/M. 1979

Elke Frederiksen (Hrsg.), *Die Frauenfrage in Deutschland 1865–1915, Texte und Dokumente*. Reclam, Stuttgart 1981

Hannelore Schröder (Hrsg.), *Die Frau ist frei geboren, Texte zur*

Frauenemanzipation, Bd. II: 1870–1918. C. H. Beck, München 1981

Daniela Weiland (Hrsg.), *Geschichte der Frauenemanzipation, Hermes Handlexikon.* Econ, Düsseldorf 1983

Bildnachweis

(1, 4) Staatsbibliothek Preußischer Kulturbesitz, Berlin (West); (2, 3) Gemälde von Anna Schleh. © Johannes Kempf, Burgdorf; (5, 9) Thomas-Mann-Archiv, Zürich; (6, 8) aus: Eva Maria Borer, Menschsein beginnt mit einem Apfel. Bern: Benteli Verlag 1980; (7) aus: Die Frau und ihre Welt, Album 1910. N. Israel, Berlin 1910.
Wir danken allen Archiven, Verlagen und Nachlassverwaltern für die freundliche Genehmigung zum Abdruck.

Frederik Hetmann
Drei Frauen zum Beispiel
Die Lebensgeschichte der Simone Weil, Isabel Burton und
Karoline von Günderrode
Gulliver Taschenbuch (78783), 168 Seiten *ab 14*

Simone Weil (1909–1943), Französin, Jüdin, Philosophielehrerin,
engagierte sich leidenschaftlich für das Proletariat. Aber sie
zerbrach an den Widerständen und flüchtete sich, verzweifelt und
isoliert, in die Mystik. Isabel Burton (1831–1896) träumte davon,
die Welt im Express zu durchrasen. Als Frau im Viktorianismus
musste sie sich jedoch damit begnügen, einen Abenteurer zu
heiraten. Karoline von Günderrode (1780–1806), Stiftsfräulein in
Frankfurt und eng befreundet mit Bettine Brentano, verliebte sich
in einen verheirateten Mann und beging Selbstmord. –
Drei Frauenschicksale, die von heute noch bestehenden
Konflikten geprägt sind.

»Das Buch ist schon von der Idee her großartig. Da wird eine Art
weiblicher Ahnengalerie aufgestellt, die nicht nur imponiert,
sondern auf die man sich berufen kann beim Versuch, bestimmte
Klischees zu entkräften.« *DIE ZEIT*

Beltz & Gelberg
Beltz Verlag, Postfach 100154, 69441 Weinheim

Charlotte Kerner
Seidenraupe, Dschungelblüte
Die Lebensgeschichte der Maria Sibylla Merian
Mit teilweise farbigen Abbildungen
Gulliver Taschenbuch (78778), 112 Seiten *ab 14*

Im Jahre 1699 segelte eine 52-jährige Frau mit ihrer Tochter von
Amsterdam nach Südamerika, um im Dschungel von Surinam
Pflanzen und Schmetterlinge zu beobachten. Hundert Jahre vor
Alexander von Humboldt wagte Maria Sibylla Merian diese
abenteuerliche Forschungsreise. Geboren wurde die erste
deutsche Insektenforscherin am 2. April 1647 in Frankfurt am
Main als Tochter des berühmten Kupferstechers Matthäus Merian.
Schon mit dreizehn Jahren beobachtete sie die Seidenraupe.
Dadurch erkannte sie, dass Schmetterlinge die
Entwicklungsstufen Ei, Raupe, Puppe, Falter durchlaufen. Viele
ihrer Zeitgenossen glaubten noch, Mücken und Raupen seien aus
Schlamm gezeugte Teufelsbrut. Ihr Werk »Der Raupen
wunderbare Verwandelung und sonderbare Blumennahrung«
offenbart eine »moderne« Naturwissenschaftlerin; in den
eigenhändig gestochenen und kolorierten Kupferstichen drückt
sich eine große Künstlerin aus. Nach einem zweijährigen
Aufenthalt im tropischen Regenwald krönte sie ihr Lebenswerk
mit einem prächtigen Buch über die Insekten- und Pflanzenwelt
Surinams. Maria Sibylla Merian starb arm, aber weltberühmt im
Januar 1717 in Amsterdam.

»Eine aufregende, gewaltige Biographie: Geschichte einer Frau,
die sanft und stark gegen alle Fesseln des Jahrhunderts ihre
künstlerische Idee verwirklicht hat.« *DIE ZEIT*

Beltz & Gelberg
Beltz Verlag, Postfach 100154, 69441 Weinheim

Charlotte Kerner
Lise, Atomphysikerin
Die Lebensgeschichte der Lise Meitner
Mit Fotos
Gulliver Taschenbuch (78812), 136 Seiten *ab 14*
Deutscher Jugendliteraturpreis

Lise Meitner, geboren 1878 in Wien, ging einen Weg, der für eine
Frau auch heute noch ungewöhnlich ist. Die »höhere Tochter«
wurde eine leidenschaftliche Physikerin und eine Frau, die
Gleichberechtigung lebte. Die Nationalsozialisten vertrieben die
Jüdin Lise Meitner 1938 aus Berlin, kurz bevor Otto Hahn
die Kernspaltung entdeckte. Ihr langjähriger Kollege erhielt für
diese weltverändernde Entdeckung den Nobelpreis; ihr Anteil
geriet in Vergessenheit. Viele kennen sie nur als »Mitarbeiterin«
von Otto Hahn. Dabei gehört sie zu den bedeutendsten
Naturwissenschaftlerinnen dieses Jahrhunderts. Albert Einstein
nannte sie »unsere Madame Curie«. – Während des Zweiten
Weltkriegs lehnte die Physikerin alle Angebote ab, in den
Vereinigten Staaten an der Entwicklung der Atombombe
mitzuarbeiten. Bis ins hohe Alter – sie starb 1968 – trat Lise
Meitner für die friedliche Nutzung der Atomenergie ein.
Charlotte Kerner hat in ihrer Biographie zahlreiche, bisher
unveröffentlichte Briefe Lise Meitners eingearbeitet.

»Kerner hat die Lebensstationen der Lise Meitner behutsam,
sorgfältig und sachlich aufgezeichnet mit der Fähigkeit, in
knappen Strichen eine ganze Zeitspanne sichtbar zu machen.
Es ist ebenso aufregend wie spannend und beklemmend,
unser Atomzeitalter hier entstehen zu sehen.«
Nürnberger Zeitung

Beltz & Gelberg
Beltz Verlag, Postfach 100154, 69441 Weinheim

Michail Krausnick
Die eiserne Lerche
Die Lebensgeschichte des Georg Herwegh
Gulliver Taschenbuch (78773), 208 Seiten *ab 14*
Ausgezeichnet mit dem Deutschen Jugendliteraturpreis

Von Heinrich Heine als »eiserne Lerche« begrüßt,
stellt Georg Herwegh (1817–1875) den Kampf um demokratische
Freiheit und soziale Gerechtigkeit in den Mittelpunkt seiner
Dichtung. Wie kaum ein zweiter Dichter des Vormärz ist er bis
heute umstritten und von den meisten verkannt. Krausnick
verfolgt die Stationen von Herweghs abenteuerlichem Leben,
seine Entwicklung zum Dichter, Schriftsteller und politisch
Handelnden. Dabei zeichnet er das lebendige Bild eines Mannes,
dessen Ideale bis heute von Bedeutung sind.

Beltz & Gelberg
Beltz Verlag, Postfach 100154, 69441 Weinheim

Mirjam Pressler
Ich sehne mich so
Die Lebensgeschichte der Anne Frank
Mit Bildteil
Gulliver Taschenbuch (78806), 224 Seiten *ab 14*

Durch ihr Tagebuch wurde Anne Frank (1929–1945)
weltberühmt. Mirjam Pressler entwirft ein lebendiges Bild des
deutsch-jüdischen Mädchens mit all seinen Widersprüchen,
Begabungen und Sehnsüchten und zeichnet Annes Leben nach –
die Zeit des Untertauchens, die sieben Monate nach der
Verhaftung bis zu ihrem Tod 1945 im Konzentrationslager
Bergen-Belsen.

»Unbefangen, intelligent, manchmal sogar kess witzig
geschrieben, lässt sich dieses Buch als rührendes
Mädchenschicksal lesen, das die Auseinandersetzung mit
dem Nationalsozialismus auch ein wenig entlastet.«
Süddeutsche Zeitung

Beltz & Gelberg
Beltz Verlag, Postfach 10 01 54, 69441 Weinheim